学生国学丛书新编

主编 王 宁
顾问 顾德希

五代史

郑云龄 选注
刘兴均 校订

商务印书馆
创于1897 The Commercial Press
2019年·北京

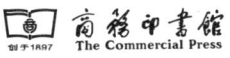

学生国学丛书新编

主　　编：王　宁
顾　　问：顾德希
特约编辑：冼　石
审 稿 组：党怀兴　董婧宸　凌丽君
　　　　　赵学清　周淑萍　周玉秀

总序之一
——在阅读中走近中华优秀传统文化

王 宁

王云五、朱经农主编的《学生国学丛书》，是一套为中学生和社会普及层面阅读古代典籍所做的文言文选本。它隶属在王云五做总主编的《万有文库》之下，1926年开始陆续由商务印书馆出版。20世纪20年代开始策划时，计划出60种，后来逐渐增补，到1948年据说已经出版了90种；因为没有总目，我们现在搜集到的仅有71种。由于今天弘扬中华优秀传统文化和提高文言文阅读能力的社会需要，我们决定对这套丛书进行适应于现代的加工编辑，将它介绍给今天的读者。

在推介这套丛书的时候，我们保存了原编的主要面貌：选书与选篇基本不变，将原书绪言保留下来，每篇选文原注所选的注点，也作为这次新编的重要参考。这样做是为了尽量借鉴前贤的一些构思和做法，并保留当时文言文阅读水平的基本面貌，作为今天的参考。

《学生国学丛书》是本着商务印书馆"昌明教育，开启民智"的一贯宗旨编选的，阅读群体应当主要是当时的中学生。20年代的中学生阅读文言文的水平显然比今天高一些，因为那时阅读文言文的社会环境与现在不同，虽然白话文已经通行，但书信、公文、教科书和报刊中，都还保留了不少文言文。国文课的师资，很多也是在国学上有一些根柢的文士。在知识界和语文教育界，文言文阅读还不是什么难事。今天，文言文阅读水平既关系到继承和弘扬中华优秀传统文化的效能，又关系到现代社会总体人文素质的提高，应当达到什么程度最为合适？民国时期是可以作为一个基准线的。

《学生国学丛书》体现了20世纪之初一些爱国的出版家和教育家把中华优秀传统文化传承给下一代的情怀、理想和实干精神。他们策划这套丛书的宗旨和编则，可资借鉴的地方很多，他们的实践经验、教育精神和国学学养值得我们学习的地方也很多。这一点，是我们了解了丛书的主编和40多位编选者的情况后感受到的。

丛书的主编王云五、朱经农，都是我国20世纪初爱国、革新的出版家。王云五主编《万有文库》，开创了我国图书出版平民化的新纪元，体现了新文化运动中普及文化教育的先进思想。《学生国学丛书》是《万有文库》里专门为中学生编选的,目的是将弘扬民族文化精华的理念带入初等教育,这在当时不能不说是有远见的。两位主编不论在反对封建帝制的革命中,还是在民族危难的救国图强斗争中,都有可圈可点的事迹,值得钦佩。与两位主编合作的40多位编写者,多是辛亥革命的参与者和新文化运动的前沿人物。他们熟悉古代典籍,对中国文化理解通透,领悟深刻,又有强烈的反封建意识;其中很多都在中小学教育领域里有过丰富的实践经验,教过国文,编过教材,研究过教法。这里有我们十分熟悉的教育家和文学家,如我国现代教育特别是语文教育的领军人物叶绍钧(他后来的名字是叶圣陶),新文化运动的先驱者、中国革命文艺的奠基人之一、著名作家茅盾(他当时的名字是沈德鸿,后来为大家熟悉的姓名是沈雁冰)。这两位,多篇作品都被收入中学语文课本,20世纪50年代以后的老师、同学是无人不知的。其他如著作丰厚、名震一时的藏书家胡怀琛,国学根柢深厚、考据功底极深、《中国人名大辞典》《中国古今地名大辞典》的主要编写人臧励龢,我国语文教育的改革家庄适等。

20世纪初的中国社会,多种文化思潮纷纭杂沓:改良主义者提出"师夷制夷""严祛新旧之名,浑融中外之迹"的折中主张;历史虚无主义者在"全盘西化"的徽帜下将西方的一切甚至文化垃圾照单全收；殖民主义文化论者叫嚣中国道德一律低级粗浅，鼓吹欧洲人生活方式总体文明高超；另一方面，封建复辟野心家的代言人则一味复古，用古代的文化糟粕来抵抗新文化的建构。这些，都对比出爱国的出版家、学问家、教育家既要固本又要创新的理想和实践精神的可贵；也让我们认识了新文化运动及革命文学的前沿人物坚守教育阵地的不懈努力，懂得了他们的编纂意图和深厚学养。保留丛书主要面貌，就是对他们成果的尊重和信任。

随着中华优秀传统文化的广泛传播，随着中小学语文教学改革的深入发展，在读书成为教师、家长和渴求文化的大众普遍要求之时，文言文阅读将会是其中一个重要的内容。有人说，文言只是一种古代的书面语，口语交际和现代文本已经不再使用，我们为什么还要学习文言文呢？在推介这套丛书的时候，我们有必要来回答这个问题。

文言是古代知识分子和正统教育使用的书面语言，具有超越时代、超越方言的特性，因而也同时具有了记载数千年中华民族灿烂文化的主要功能，它是与中华民族文明史共存的。许慎《说文解字叙》说汉字的作用是"前人所以垂后，后人所以识古"，这两句话即是对汉字记录的文言说的。我国历史悠久，文化遗产丰富，用文言记录的历史文献，用文言撰写的文学作品，多到不可计数，只有学习它，才能从古知今，以史为鉴。文言所记录的，不仅是古代社会的典章制度和政治经济，还有先贤哲人的人生经验和思想哲理，让我们看到中华民族一代又一代人的智慧。想想看，如果我们及早领会了古人"斧斤以时入山林"的采伐规则，便不会过度开发建材，造成那么多秃山荒岭，把气候搞得这样糟糕。我们读过也理解了"今之孝者是谓能养。至于犬马，皆能有养。不敬，何以别乎"这段话，就会在对待长者时，把他们的尊严看得和他们的生计同等甚至更加重要！"防民之口甚于防川""水能载舟亦能覆舟"，这是对阻塞言路者多么深刻的警醒。在道德重建的今天，中国传统道德中"己所不欲勿施于人"的利他主义，"爱民""富民""民为重"的民本思想，"以不贪为宝"的清廉品德，"志士不忘在沟壑，勇士不忘丧其元"的大义凛然态度，"吾日三省吾身"的自律精神，"君子怀刑"的守法意识，……这些，即使在今天的一般阅读中，也已经深入人心。可以想见，进入深度阅读后，我们一定会受到更多的启迪，在阅读中产生更多的惊喜。著名的国学大师、革命家和思想家章太炎，1905年7月15日在东京留学生欢迎会上演讲时说："近来有一种欧化主义的人，总说中国人比西洋人所差甚远，所以自甘暴弃，说中国必定灭亡，黄种必定剿灭。因为他不晓得中国的长处，见得别无可爱，就把爱国爱种的心日衰薄一日。若他晓得,我想就是全无心肝的人,那爱国爱种的心,必定风发泉涌,不可遏抑的。"阅读文言文,就是要使我们具有这种文化自信。是的,遗产是有精华也有糟粕的,古代的未必都适合今天;我们只有真正读懂文典,将历史面貌还原,再有了正确的价值观,才能辨析断识,而不是道听途说,更不会受人蛊惑。在这个意义上,文言文阅读作为吸收中华优秀传统文化的必要途径,绝不是可有可无的。

文言文阅读是产生汉语正确语感的一个重要源泉。汉语不是一潭死水,从古到今,不知吸收了多少其他民族的词汇和句法,也曾经夹杂着很多不雅甚至不洁的成分;但是,文言经过数千年的洗涤、锤炼,已经渐渐将切合者融入,不切合者抛弃。经过大浪淘沙、优胜劣汰而能流传至今的美文巨制,会更加显现汉语的特点。而现代汉语刚刚一个世纪,在根柢不深、修养不佳的人们的口语里、文辞中,常常会受外语特别是英语的影响,受不健康的市井俚语的侵染,产出一种杂糅的语言。我们想在运用现代汉语时真正体现出汉语的特点,比如词汇丰富、句短意深、注重韵律、构造灵活等,提高用健康、优美的汉语表达正确、深刻的思想的能力,文言会带给我们一些天然的汉语语感。热爱自己的本国语言,不断提高运用汉字汉语的能力,这是每一个人文化素养中最重要的表现；克服语言西化、杂糅的最好办法，是在学习规范、优美的现代汉语的同时，对文言也有深入的感受和体验。

文言文阅读还是从根本上理解现代汉语的重要条件。人们都认为现代汉语与文言差别很大，初读时甚至感到疏离隔膜、难以逾越。其实，汉语是一种词根语，词汇和语义的传衍非常直接，文言中百分之七十的词汇、词义，在现代汉语的构词法里都能找到。在书面语里，文言单音词的构词能量有时会比口语词更强。经过辗转引用积淀了深厚文化底蕴的典故、成语，成为使用汉语可以撷取的丰富宝库。如果我们对文言一无所知，是很难深入理解现代汉语的。有些人认为，在语文教学中现代文阅读和文言文阅读是两条线，其实，在词汇积累层面上，应该把它们并成一条线。学习文言与学习现代汉语，在积累词汇、理解意义、体验文化、形成语感方面是相辅相成的。

在推介《学生国学丛书》的时候，我们也有另外一重考虑。这套丛书毕竟经过了将近一个世纪，时代和社会都发生了根本的变化，我们有了更加明确的核心价值观和适应于现代的审美意识，语言、文字、文学、文献、教育都有了更新的研究成果，对丛书进行适度的改编，也是绝对必要的。所以，这次新编，我们主要做了五项工作：第一，为了今天在校学生和普通读者阅读的方便，改竖排为横排，标点符号也随之改为现代横排的规范样式。第二，变繁体字为简化字，在繁简转换的过程中，对在文言文语境中有可能产生意义混淆的用字，做了合理的处理。第三，采用今天所见较好的古籍版本对原书的选文进行了审校，订正了文句的错、讹、脱、衍。第四，对原书的注释进行了修改、加工、调整，使注释更加准确、易懂，对地名和名物词的解释，也补充了最新的资料。第五，撰写了新编导言，放在原书绪言的前面。原编者和新编者对同一部书和同一篇文的看法，或所见略同，或相辅相成，或角度各异，或存在分歧，都能促进阅读者的思考和讨论，引发延展性学习，带动更多篇目和整本书的阅读。

《学生国学丛书》本来是一套开放的丛书，我们还会根据教学和读者的需要，补充一些当时没有被选入的优秀古代典籍的选本，使新编的丛书不断丰富。

我国每年有将近两亿的青少年步入基础教育，一个孩子有不止一位家长，这是一个多么庞大的读书群体。将一个世纪以前的《学生国学丛书》通过新编激活，让它走进一个新的时代，更好地发挥它在语文教育和弘扬我国优秀传统文化中的作用，这是我们之所愿，也希望能使编写这套书的前辈们夙愿得偿。

总序之二
——植入健康的文化基因

顾德希

优秀的传统文化是中国人的精神家园。学生多读些国学典籍，将有助于把优秀传统文化的基因植入肌体。王宁老师的"总序"，对本丛书的这一编辑意图已有深入全面的阐释，我打算就如何阅读这套丛书，或者说如何阅读文言文，做些补充性说明。

这套丛书的每一本，都专门写了新编导言。这是今日读者和原书连接的桥梁。人们常把桥梁喻为过河的"方法"，所以也可以说，新编导言之所谓"导"，就是力图为各类学生和更多读者提供一些阅读的方法。

这套丛书有好几十本，都是极有价值又有相当难度的国学经典，如不讲究阅读方法，编辑意图的实现会大打折扣。但这些经典差异性很大，《楚辞》和《庄子》的阅读肯定很不同,《国语》和《周姜词》的阅读方法差别就更大,即使同是词,读《苏辛词》与《周姜词》也不宜用完全相同的方法。因此本丛书新编导言所提供的阅读方法,针对性很强,因书而异。但异中有同,某些共性的方法甚至更为重要。不过,这些共性的方法渗透在每一篇导言中,未必能引起足够重视。下面,我想谈谈文言文阅读的四个具有共性的方法。

一、了解作者和相关背景,了解每本书的概貌,对每本书的阅读都很重要,这毋庸置疑。但一般读者了解这类相关知识,目的仅在于走近这本书。因而涉及作者、背景、概貌等,导言中一般不罗列专业性强的知识,而诉诸比较精要的常识性叙述。比如对《吕氏春秋》作者吕不韦,并没有全面介绍,也没有像过去那样从伦理道德上对这个历史人物加以贬抑,而只侧重叙述了他作为政治家的特点,因为明乎此便很有助于了解《吕氏春秋》。又如《世说新语》的成书背景有其特殊性,也需要了解,但限于篇幅,叙述的浓缩度很大。凡此种种必要的常识,新编导言里一般是点到为止,只要细心些,便不难从中获得多少不等的启发。兴趣浓厚者,查找相关知识也很容易。

二、借助注解疏通文本大意之后,就要反复诵读。某些陌生的词句,更要反复诵读。一句话即使反复诵读二十遍也用不了两三分钟，但这两三分钟却非常重要。

"诵读"是出声音的读，但并不是朗诵。大家所熟悉的现代文朗诵，不完全适用于文言诗文。朗诵往往是读给别人听，诵读却是读给自己听。古人所谓"吟咏"，是适合于当时人自己感悟的一种诵读。今天的诵读，用普通话即可，节奏、抑扬、强弱、缓急，都无客观规定性，可随自己的感受适当处理。如果阅读文言文而忽略了诵读，效果至少打一个对折。不念出声音的默读，是只借助视觉器官去感知；出声音的诵读，是把视觉、听觉都动员起来的感知，其所"感"之强弱不言而喻。而且一旦读出声音，就让声带、口腔等诸多器官的运动参与进来了，凡诉诸运动器官的记忆，最容易长久。会骑车的人，多年不骑，一登上车还是会骑。因为骑车的感觉是一种运动记忆。文言语感的牢固形成与此类似。古人所谓"心到、眼到、口到"之说，实在是高效形成文言语感的极好方法。不管是成篇诵读，片段诵读，还是陌生词句的反复诵读，都是提升文言文阅读能力的好办法。本丛书的每一篇新编导言并未反复强调"诵读"，但各种阅读建议无不与某些片段的反复读相关。既读，就要"诵"，这是文言文阅读的根本方法。

三、应用。这是与文言翻译相对而言的。把文言文阅读的重点放在"翻译"上，副作用很多。一是不可避免信息的丢失。概念意义、情味意蕴，都会丢失。课堂教学中让学生把一篇文言文从头到尾"对号入座"地搞翻译，是文言教学中的无奈之举。一句一句，斤斤计较于文言句法词法和现代汉语的异同，结果学生的诵读时间没有了，刻意去记的往往是别别扭扭的"译文"，而精彩的原文反倒印象模糊，这不是买椟还珠吗！所以，在疏通大意、反复诵读的同时，一定要重视"应用"。应用，就是把某些文言词句直接"拿来"，用在自己的话语当中。比如，在复述大意时，在谈阅读感受理解时，不妨直接援引几句原话。如果能把原文中的某些语句就像说自己的话一样，自然而然地穿插到自己的述说中，那就是极好的应用。本丛书新编导言中援引原作并有所点评、有所串释、有所生发之处很多，但绝不搞对号入座的翻译，这不妨看作文言文阅读方法的一种示范。新编导言中有很多建议，要求结合作品谈个什么问题，探究个什么问题，都不同程度地含有这种"应用"的要求。

四、坚持自学。这套丛书，为学生自学文言文敞开了大门。学生文言文阅读的状况永远会参差不齐。同一个班的高中生，有的已把《资治通鉴》读过一遍，有的能写出相当顺畅的文言文，但也有的却把"过秦论"读成"过奏论"，这是常态。只靠面对几十个人的文言课堂讲授，几乎不可能使之迅速均衡起来。只有积极倡导自主性学习，才可能有效提高教学质量。本丛书的新编导言，高度重视对文言自学的引导。每篇新编导言都就怎样去读提出许多建议。这些建议有难有易，不是要求每一个人全都照着去做。能飞的飞，能跑的跑，快走不了的慢走也很好。新编导言在"导"的问题上，从不同层次上提出不同建议，相信各类学生都能找到适合自己的要求。只要选择适合自己或者自己感兴趣的要求，坚持不懈去"读"，去"用"，文言文的自学一定会出现令人惊喜的成果。从这个意义上说，本丛书的每一本，都是适合于各类读者自学国学经典的好读本。每一本中经过精心处理的注解，是自学的好帮手；而每一篇新编导言，又都可对自学起到切实的引导作用。只要方法对，策略恰当，那么这套丛书肯定能帮助我们有效提高文言文阅读水平。

目前，在深化高中语文课改的大背景下，很多学校高度重视突破过去那种一篇篇细讲课文的单一教学模式，开始重视"任务群"的学习，重视整本书的阅读，重视选修课的开设，重视校本课程的建设。在这样的大背景下，如果学校打算从本丛书中选用几本当作加强国学教育的校本教材，那么"新编导言"对使用这本书的教师来说，也可起到某种"桥梁"作用。

不管用一本什么书来组织学生学习，都必须对学生怎样读这本书有恰当引导。这是提高教学质量的一定不移之理。恰当的引导，要有助于各类学生更好地进入这本书的阅读，要有助于各类学生更好地开展自主性学习，要使之在文本阅读中进行有益的探究，并获得成功的喜悦。为了使新编导言的"导"能起到这样的作用，本丛书专门组织了多位一线优秀教师先期进入阅读，并把成功教学经验融入新编导言。因此，我们有理由相信，新编导言可以成为组织学生学习活动的有益借鉴。导言中结合具体作品对阅读所做的那些启发、引导，针对不同水平读者分层提出的那些建议，都将有助于教师结合自己学生的实际情况进一步拟出付诸实施的具体导学方案。

　　我相信，只要阅读文言文的方法恰当，只要各类读者从实际情况出发，循序渐进地学，优秀传统文化的基因就一定能更好地植入肌体。

目 录

新编导言 1

原书绪言 9

梁家人传 23
文惠皇后王氏 23
元贞皇后张氏 25
广王全昱 27
太祖子友文友珪 29

唐家人传 35
庄宗神闵敬皇后 35
明宗淑妃王氏 43
明宗子从荣 49

晋家人传 ... 59
高祖皇后李氏 ... 59

汉家人传 ... 69
高祖皇后李氏 ... 69

周家人传 ... 72
柴守礼 ... 72

梁臣传 ... 75
敬翔 ... 76
寇彦卿 ... 81
刘鄩 ... 84
杨师厚 ... 92

唐臣传 ... 96
郭崇韬 ... 96
安重诲 ... 108
周德威 ... 120
史建瑭 ... 128

元行钦 ·· *131*

　　李严 ·· *136*

　　刘延朗 ·· *140*

　　康义诚 ·· *147*

　　任圜 ·· *150*

晋臣传 ·· *156*

　　桑维翰 ·· *156*

　　景延广 ·· *161*

汉臣传 ·· *166*

　　苏逢吉 ·· *166*

　　史弘肇 ·· *171*

死节传 ·· *176*

　　王彦章 ·· *176*

死事传 ·· *181*

　　姚洪 ·· *181*

　　王思同 ·· *182*

一行传 ······185
　石昂 ······185

唐六臣传 ······187
　苏循 杜晓附 ······187

义儿传 ······192
　李嗣昭 ······193
　李存孝 ······200

伶官传 ······205
　敬新磨　景进　史彦琼　郭从谦 ······206

宦者传 ······214
　张承业 ······214
　张居翰　李绍宏　孟汉琼 ······217

杂传 ······223
　刘守光 ······223
　李茂贞 ······232

韩建 239

赵犨 244

李振 250

康延孝 252

张全义 256

王峻 261

杨光远 267

张彦泽 272

冯道 278

吕琦 285

新编导言

本书原绪言，全面谈了阅读本书所需要的基础知识，值得反复读。为方便今天的读者阅读，本文着重谈三个问题。

一 对相关背景的总体把握

五代，或称五代十国，是我国历史上动乱极其严重的时代。自唐末黄巢起义后，军阀割据愈演愈烈。中原一带，逐渐形成以朱全忠（朱温）与沙陀李克用争雄的局面。先是朱逼唐哀帝禅让，于公元907年建立后梁。李继续抗衡，经十七年战争，李克用之子李存勖（xù）于公元923年灭梁称帝，建立后唐。不久，后唐被自家驸马石敬瑭借助契丹之力灭掉，于公元936年建立了后晋。后晋又被当朝权臣刘知远（又名暠）所灭，公元947年，刘建立后汉。四年后，刘知远的托孤大臣郭威背汉自立，于公元951年建立后周。前后不到五十年，更换了五个朝代,即所谓"五代"。与此同时,还有一批称王建号的,如岐李茂贞、前蜀王建、后蜀孟知祥、吴越钱镠(liú)、燕刘守光、吴杨隆演、闽王审知、南汉刘䶮(yǎn)、北汉刘旻(mín)、楚马殷、南唐李昪(biàn)、南平高季兴等。其中十个地方政权,被后世史家称为"十国"。

五代十国可以说是礼义廉耻丧尽、纲常伦理绝灭的时期。伴随君权更替,子弑父,弟犯兄,父子聚麀、君臣共淫的丑剧竞相上演;而百姓流离失所,生灵涂炭,一幅幅饿殍遍野、爨骨吃尸的悲惨画面令人触目惊心。

北宋建立之后,宋太祖诏令参知政事薛居正监修五代史,一年书成。这部《五代史》(亦可称"薛史")基本上是删削五代文献编纂而成,比较草率。至北宋中叶,欧阳修(1007—1072)广泛搜罗史料,以一人之力、三十年之功,自撰了全面反映五代这段动乱史的《五代史记》。为与"薛史"相区别,人称《新五代史》(亦可称"欧史")。欧阳修少孤家贫,天资聪颖,勤奋好学,诗文蜚声海内,政绩卓尔不群,是百科全书式人物。他47岁主持编修《新唐书》,在史学方面具有超常的才能。由他独立撰写的这部"五代史"影响巨大,获得广泛认可,故本书即以《五代史》命名。

二　了解本书概貌

本书选注者郑云龄先生在"原书绪言"中谈到他的编选

原则。郑先生着眼于"欧史"中那些互有关联、史迹清晰、兴味浓厚的篇目,依照"欧史"的编排选文。其中可隶属于一代的人物,如皇室家人、朝臣、效忠之士以及义儿、伶官、宦者等,依五代顺序编选;其他未必隶属于一代的人物,则列为《杂传》。这些人物故事都有较强的可读性。而"欧史"中"本纪""世家""考"及"附录"等可读性不强的内容则一概不选。例如不选记述梁太祖朱温的《梁本纪》,而选其子友文、友珪的传,就清晰地体现了这一原则。

这样编选,基于郑先生对欧阳修良苦用心的理解。欧氏云:"圣人之于《春秋》,用意深,故能劝戒切,为言信,然后善恶明。"(见《梁本纪第二》)因此"欧史"并非单纯记言叙事的史书,它效《春秋》"一字之褒,宠逾华衮之赠;片言之贬,辱过市朝之挞"(晋范宁《榖梁传序》)的笔法,深寓褒贬大义。而"时至五代,可谓极乱,政治军事,举无足称。而民生凋敝,盗贼横行,礼义廉耻,扫地以尽"(郑先生语),故"欧史"贬多于褒。上至九五至尊,下至宰相朝臣,都在欧氏笔伐之列。对篡唐立梁的梁太祖朱全忠,作者透过其母、兄之传,揭示出此人原为市井无赖。少时为县人共恶,长大混入黄巢部伍,不久转投唐朝官军,成为镇压起义的鹰犬。得志之后,竟在母亲面前贬低教授五经的父亲,被母亲当场数落。官至四镇节度使后,政治野心膨胀,以至倒逼唐朝皇帝退位。在他意欲称帝时,敢于奚落、斥责他的,竟是身为一介平民的兄长朱全昱（见《梁家人传·太祖母文惠皇后王氏》《广王全昱》）。坐上龙椅后，他不仅与儿媳乱伦，还与臣僚共妻（见《梁家人传·太祖子友文友珪》《梁臣传·敬翔》）。作者没给这位皇帝留下半片遮羞布。

作者对认贼作父、不顾廉耻者的鞭笞，是毫不留情的。例如《杂传》中的刘仁恭、刘守光父子。刘仁恭先事晋王（李克用），后叛晋自立，当遭到梁军攻击时又附晋，是一个毫无操守之人。其子刘守光禁父杀兄，无恶不作。最后以区区二千里之燕地称帝自尊，属下孙鹤冒死进谏，被他残忍地剁成肉酱。刘仁恭父子三人在其父子、兄弟相争期间导演多起吃人惨剧，最为恶毒的是，刘守文属下将领吕兖率兵抵抗刘守光时，被困城中百余日，城中食尽，吕兖等让饥民吃酒曲，然后杀之充作军粮，号为"宰务"，意为供这些衣冠禽兽宰杀来吃的（见《杂传·刘守光》）！

即便是效忠一国之臣，欧氏也并非一味褒奖，对其丑行、恶行也毫不留情地加以鞭笞。欧氏指出："夫入于《杂》，诚君子之所羞，而一代之臣未必皆可贵也。"（见《梁臣传序》）《汉臣传》中的苏逢吉，就是一个贪诈无行之人。"汉世尤无法度，而不施德政"，除了刘知远这个草莽无知的皇帝起决定作用外，就是这种佞臣在推波助澜。他颁行"凡盗所居本家及邻保皆族诛"令，导致州县官吏滥杀无辜百姓以万计。甚至将协助追赶贼人的村民一并滥杀，"断其脚筋，暴之山麓，宛转号呼，累日而死"。刘知远过生日，本欲赦狱中轻罪之人，让其"静狱"，他竟将狱中犯人不分轻重全部杀掉（见《汉臣传·苏逢吉》）。梁臣敬翔，其妻本为黄巢旧将之妻，为太祖朱温所爱幸，又被下赐予敬翔，而依旧与朱温长期保持不正当关系，君臣聚麀，无异禽兽（见《梁臣传·敬翔》）！

欧氏对五代君臣恶行、丑行的无情揭露和批判，对砥砺士节、重振世风、重建有宋一代精神家园有着积极正面的作用。

三 "欧史"的史鉴意义

阅读本书，应仔细品味"欧史"的史鉴意义。唐太宗李世民曾说："以古为镜，可以知兴替。"（《旧唐书·魏徵传》）这个"古"指的就是史。"欧史"为后世留下了太多具有史鉴意义的东西，择其要者，大致有三。

其一，国家不能分裂，民族应当融合。五代的纷争肇始于唐代的藩镇割据。中央集权瓦解，造成天下大乱，民族矛盾加剧，各方势同水火，战事迭起，最终还是百姓遭殃。"欧史"对战乱给人民带来的灾难有详尽描述，其中尤以百姓久困于围城中的惨状令人心颤：

> 米斗直钱七千，至烧人屎煮尸而食。父自食其子，人有争其肉者，曰："此吾子也，汝安得而食之！"人肉

斤直钱百，狗肉斤直钱五百。父甘食其子，而人肉贱于狗。(《杂传·李茂贞》)

一个主权国家，绝对不允许地区分裂独立，一切能引发民族对立的言行必须杜绝。没有国家的统一、民族的和睦，便没有百姓的福祉，这是历史的结论。

其二，马上得天下，不可马上治之。"原书绪言"中分析五代混乱局面产生的原因，指出"五代君主，多起行伍，罔识治体"，可谓击中要害。五代历经十三帝，仅周世宗柴荣稍识治体，其余都乏善可陈。刘知远一介武夫，竟然说出"朝廷大事，勿问书生"的昏话，他的下属竟把文臣蔑称为"毛锥子"："安朝廷，定祸乱，直须长枪大剑，若'毛锥子'安足用哉？"（见《汉臣传·史弘肇》）刘知远蔑视文官，贱视法治的结果，就是后汉王朝四载而亡。在这个问题上，北宋王朝充分汲取了五代的教训，北宋中前期的繁荣，与此有密切关系。

其三，忧劳兴国，逸豫亡身。五代十三君主，能得善终者极少。不是遭子弑身亡，就是被叛军杀戮，还有的不知所终。有些人，在用兵打仗方面有本事，也能知人善任，确曾叱咤风云，不可一世。如后唐庄宗"系燕父子以组，函梁君臣之首，入于太庙，还矢先王，而告以成功，其意气之盛，可谓壮哉！"(《伶官传序》)而一旦坐上龙椅，骄奢淫逸，无所不至。沉湎于女色的唐庄宗，不仅对宵小言听计从，还默认"诸伶人出入宫掖,侮弄缙绅",以致"群臣愤嫉,莫敢出气,或反相附托,以希恩幸",诸般乱象滋生,后唐顷刻而亡(见《伶官传》)。五代的"皇二代",除周世宗柴荣外,大多是扶不起的阿斗,晋出帝石重贵就是这样一个没出息的皇帝。他始终不能理顺与契丹的关系,一切全听任桑维翰、景延广两个大臣,在"天下旱蝗,民饿死者岁十数万"的严峻形势下,竟然"君臣穷极奢侈以相夸尚"(见《晋臣传·景延广》)。这样腐败的朝廷,怎能不迅速灭亡?欧阳修所总结的"忧劳可以兴国,逸豫可以亡身,自然之理也"(《伶官传序》),无疑是一切时代的明镜。

阅读本书,如从以上三方面深入思考,对提高我们的国学修养会有很大帮助。

此外,本书所选传记中的许多人物,不只属于一代,如冯道这种小人,先后侍奉四姓十君,因此,对相关人物关系需要细心梳理。书中人物的官制品阶称谓,多沿用唐时旧称,若参考张国刚《唐代官制》(三秦出版社,1987年),可获得较清晰的了解。

原书绪言

一 欧阳修略传

欧阳修,字永叔,宋庐陵人。四岁而孤,母郑氏守节自誓,亲诲之学。修幼敏悟过人,读书辄成诵。及冠,嶷然有声。宋兴且百年,而文章体裁,犹仍五季余习;修于废书簏中得韩愈遗稿,苦志探赜,至忘寝食。举进士,试南宫第一。从尹洙、高若讷游,以诗文相师友,遂以文名冠天下。入朝为馆阁校勘,以论贬范仲淹事责司谏高若讷,坐贬夷陵令。庆历三年知谏院时,一时贤俊皆在朝,而朋党之论起,修乃为《朋党论》以进。累迁知制诰、龙图阁直学士、河北都转运使。时杜衍等相继以党议罢去,修上疏谓"杜衍、韩琦、范仲淹、富弼,天下皆知其有可用之贤,不闻其有可罢之罪……"以争之。于是群邪益忌之，傅致①以罪，左迁知制诰，知滁州。嘉祐二年，知贡举，一变场屋之习。五年，拜枢密副使。六年，参知政事，与韩琦同心辅政，国事日理。后以论追崇濮王事，为群小所忌，罢为观文殿学士，知亳州。明年，迁兵部尚书，知青州，改宣徽南院使，判太原府，辞不拜，徙蔡州。修以风节自持，既数被污蔑，年六十，即连乞谢事。熙宁四年，以太子少师致仕。五年，卒，赠太子太师，谥曰"文忠"。

修为文，天才自然，丰约中度，其言简而明，信而通，引物连类，折之于至理，以服人心，超然独骛，众莫能及，故天下翕然师尊之。自撰《五代史记》，法严词约，多取《春秋》遗旨。苏轼序其文曰："论大道似韩愈，论事似陆贽，记事似司马迁，诗赋似李白。"识者以为知言。

二　新旧五代史之比较

宋太祖开宝六年四月，诏修梁、唐、晋、汉、周书。七年闰十月，书成。凡一百五十卷，目录二卷；监修者为司空、同中书门下平章事薛居正，同修者为卢多逊等；皆本各朝实录为稿本。是为《旧五代史》。其后，欧阳修私撰《五代史记》七十五卷，藏于家。修殁后，熙宁五年，诏求其书刊行。是为《新五代史》。至金章宗泰和七年，诏止用"欧史"，于是"薛

---

① 傅致，附益而引致，即罗织之意。——校订者注。

史"渐湮。及清初,诏命诸臣重修"薛史",就《永乐大典》中甄录排纂,其缺逸者,采宋人书中之征引"薛史"者补之。于是"薛史"复为完书,然非旧观矣。

按:五代诸帝各有实录,居正本之,故一年之内可以成书。叙事赅备而真伪莫辨,文体劣弱而书法无取。此《旧五代史》之弊,亦《新五代史》之所由作也。

《新五代史》异于《旧五代史》者,约有数端:

1. 事实

宋初,"薛史"虽成,而各朝实录、"宣底"等故籍皆在,他如刘昫之《旧唐书》,修成未久,而宋初诸臣之记五代事者尤多——范质述朱梁至周为《通鉴》六十五卷,王溥采朱梁至周为《五代会要》三十卷,王子融集五代事为《唐余录》六十卷,路振采五代君臣事迹作《世家列传》,郑向著《开皇纪》三十卷,又孙光宪《北梦琐言》、陶岳《五代史补》、王禹偁《五代史阙文》、刘恕《十国春秋》、龚颖《运历图》,其出自各国之书,如钱俨之《吴越备史》《备史遗事》、汤悦之《江南录》、徐铉之《吴录》、王保衡之《晋阳见闻要录》,又徐无党所引之《唐摭言》《唐新纂九国志》《五代春秋鉴戒录》《纪年录》《三楚新编》《纪年通谱》《闽中实录》等书,欧公皆得而参考比证之。真伪既见,是非得中,故其文直而事核,非"薛史"芜漫复杂所可及也。或谓选材喜取小说,不拘实录,而不知此正易得史事之真,未可厚非之也。

2. 书法

"欧史"简严，不徒文笔洁净，直追《史记》，而褒贬予夺，且或过之。同一用兵也，而"攻""伐""讨""征"异其用，如《梁纪》孙儒"攻"杨行密于扬州，遣刘知俊"伐"岐，《唐纪》命李嗣源"讨"赵在礼，《周纪》东"征"慕容彦超；同一得地也，而"取""克"别其义，如张全义"取"河阳，庞师古"克"徐州；同一归顺也，而"降""附"辨其行，如冯霸杀李克恭来"降"，刘知俊叛"附"于岐。至于立后以正者，曰以某妃某夫人为皇后，其不以正者，曰以某氏为皇后，如立淑妃曹氏为皇后，立刘氏为皇后。杀济阴王不曰"杀"而曰"弑"，杀王师范不曰"伏诛"而曰"杀"，郢王友珪反不曰"叛"而曰"反"……。书法繁多，莫可毕举，要皆有微言大义存乎其间。盖欧氏作史，仰师《春秋》，故其为文与"薛史"异也。王鸣盛以欧氏学《春秋》为病，岂知言哉！

3. 体例

《史记》记事，于天子曰"本纪"，于诸侯曰"世家"，于卿大夫曰"列传"，而欧公一仿之。而于"列传"之中又别立《义儿》《伶官》《唐六臣》等传以为劝惩，此则"薛史"所无也。王鸣盛谓五代养子甚多，不独晋有，而于晋则传之，他则从略，是自乱其体例也。又谓："史建瑭与父敬思皆捐躯尽忠，应入《死节》，否亦宜入《死事》，而'欧史'但入《唐臣》；匡翰仕唐又仕晋，应入《杂传》，乃'薛史'各传，而欧附《建瑭传》。"此亦自乱其例者也。又谓："欧史"宜断代为之，不宜反"薛史"旧规而错综纪载。《史记》意在行文，可不断代；"欧史"重在记事，何必改作！此或"欧史"之失，而王氏之独见欤！

4.传赞

欧序《张承业传》，极论宦者之非，而推崇韬之死由于宦者之谮；所以为时君言之也。于《张文蔚传》，又推论至朋党之说，足以亡国；盖宋仁宗时党论大兴，正人危惧，小人肆恶，故发为论议以为警惕也。于《晋出帝纪》，又深明以侄为子而没其本生父之非；盖当时濮议纷呶①，朝臣多以英宗当考仁宗而伯濮王，故为是说以深斥其非礼。要其所为传赞皆有微意，非苟作也。

或谓"欧史"失检处颇多：敬翔、李振，梁臣也，庄宗入洛，翔自缢死，而振伏诛，顾翔不列于《死事传》，振不列于《梁臣传》。元行钦先仕刘守光，继降唐，而不入《杂传》，反列于《唐臣传》。宋祖奋踪周朝，建立战功，而"欧史"不书。周德威为国战死，既不入《死节》，复不入《死事》，而入于《唐臣传》。其他事实之讹误者，亦不一见。如《梁纪》梁祖遣敬翔至洛与彦威等谋弑昭宗，而《李振传》又谓梁祖遣振至洛与彦威谋弑之等。吾以为梁祖之恶，敬翔成之，不入《死

---

① 呶，náo，叫嚷。——校订者注。

13

事》，夺之也。李振之诛，在庄宗入汴之后，欲仕唐而未能耳（事见《敬翔传》），故恶之而入于《杂》也。刘守光"欧史"不列于"世家"，以其非一国之君也，故行钦仕唐，欧不以为变节也。德威之死乃战死，不同于死节、死事诸臣之死，故入《唐臣》。至于宋祖事绩不书，或以为讳，或谓欲取行文之简便耳。若夫事实之讹误，此自"欧史"之失，未可为讳者矣。

张燧谓朱温不宜入正统，以为："温夫子之得国，与羿、浞、莽、玄同。羿、浞相继，而少康中兴；王莽篡弑，而光武即位；桓玄称帝，而刘裕践阼。其灭也，无论修短，俱以伏诛书。温亦无异于是。'欧史'与梁，是所以诲盗也，岂《春秋》之旨哉？"此张燧之见也。按，"欧史"《梁太祖赞》曰："天下之恶梁久矣！自后唐以来，皆以为伪也；予论次五代，独不伪梁。而议者或讥予大失《春秋》之旨，以谓：梁负大恶，当加诛绝，而反进之，是奖篡也，非《春秋》之志也。予应之曰：是《春秋》之志尔。鲁桓公弑隐公而自立者，……圣人于《春秋》，皆不绝其为君，此予所以不伪梁者，亦《春秋》之法也。……圣人之于《春秋》，用意深，故能劝戒切；为言信，然后善恶明。夫欲著其罪于后世，在乎不没其实。其实尝为君矣，书其为君；其实篡也，书其篡。各传其实，而使后世信之。……桀、纣，不待贬其王而万世所共恶者也。……"则"欧史"之不伪梁而以正统予梁者，亦自有故。吾谓：梁之篡唐，恶也；继唐，实也。不没其恶而著其实，"欧史"之意为得体矣。

三　五代时之军政民生

时至五代，可谓极乱，政治军事，举无足称。而民生凋敝，盗贼横行，礼义廉耻，扫地以尽。语其大者，约有数端：

1. 刑罚酷滥

五代乱世，本无刑章，视人命如草芥，以族诛为常事。如唐之郭崇韬、安重诲、任圜、朱友谦，晋之桑维翰、景延广，汉之史弘肇、苏逢吉、杨邠、王章等，皆一代重臣，位兼将相，或族或诛，无一幸免。他如魏博牙军两次之诛戮，张谏同党三千人之族诛，王章女已适人而扶病就戮，是父母兄弟妻子而外，虽戚友亦不能免矣。汉隐帝时，史弘肇专横，为腰斩、断舌、决口、斫筋、折足等刑。不问罪之轻重、事之真伪，而举置于死。甚至观天者，腰斩；被诬者，族诛（如李崧、何福进等，见《弘肇传》）。苏逢吉之治盗，则盗之本家邻保皆诛，于是民之死于盗累及诬枉者不可数记。其判狱也，不问其罪之大小皆杀之，谓之"静狱"。是直以杀戮为能事，而甚于率兽食人矣。其尤惨酷者，张彦泽之脔张式，董璋之剉姚洪，刘信于军士之犯法者，则召其妻子，对之剉剔支解，使自食其肉，血流盈前，而饮乐自如，是直行同禽兽矣。至于屠城杀降，史不绝书，更无论矣。

2. 赋税烦苛

唐自黄巢乱起,朱温篡立,降至于宋,兵革迭兴,军需浩繁。自唐庄宗以孔谦为三司使,峻法剥下,厚敛奉上。即如盐曲:盐一斗,税白米一斗五升,私贩者十斤以上处死,刮碱煎盐者不论斤两皆死;曲则每亩纳钱五文或三文,乾祐中私曲不论斤两皆死,广顺中改五斤以上。其峻法苛征,于斯可见。至于藩镇私敛,如赵在礼之"拔钉钱"、刘铢之加派"秋苗夏苗钱",历代括马之举,尤使民不堪命。其更甚者,拥立帝王则纵兵劫掠,赏赐功臣则重敛暴征;而契丹入洛,率取城中钱帛以赏军,虽将相皆不免。民生斯时,何其苦也!

3. 藩镇跋扈

唐至中叶,藩镇已横;迨入五代,其风益厉。于是强者称兵,弱亦难制,朝命不行,徒事姑息。杨师厚死,而末帝受贺;孟知祥叛,而明宗优抚。董璋杀姚洪,彦泽脔张式,杨光远干预朝政,安重荣侮慢晋祖,亦皆屈意含容,未敢裁抑。而唐明宗、废帝之立,石晋、郭周之篡,亦莫不起自藩镇。此五代之世所以极乱,而干戈终无已时也。

4. 军士骄横

唐自中叶以后,河朔诸镇,各自分据,节度废立,权操军士。至于五代,其风益恣。武宁时溥、青州王师范、义武王郜、郓州朱宣、天雄罗弘信、夏州赵在礼,无不由军士拥立为留后。计五代诸镇,由朝命除拜者十五六,而军士拥立者十三四焉。风会所至，虽帝王亦假手于军士而后得立。盖拥立主帅，则恩自下出，虽有犯科，不复敢问，而况富贵利达以拥立而唾手可得乎？于是藩镇蔑视朝廷，军士又胁制藩镇，僭乱既极，祸乃无艺。

5. 武人专政

五代帝王多起自行伍，故内而宰相，外而节度，多用武人；而枢密之权，至唐而特重。郭崇韬、安重诲为枢密，当时宰相争倾附之。崇韬父讳弘，则宰相奏改弘文馆为崇文馆。明宗时，四方奏事，皆先白重诲而后闻。重诲与任圜有隙，则诬圜谋反而杀之。既使杨彦温以逐从珂，又杀彦温以灭口。殿直马延误冲重诲前导，则先斩而后奏。郭威为枢密，率兵平三叛，王守恩为使相，肩舆出迎。威怒，立以白文珂代之。不待诏敕，更易大臣，枢密之权，等于人主；而武人横恣，竟惟意所为矣。至于方镇，率用武人。仅冯道、桑维翰以文人为节度，为时虽暂，要于五代为仅见。牧民之事，非武人所习，而除拜刺史，亦论军功。于是武夫悍将恃功纵下，为害州郡，卖官鬻狱，割剥烝民，百姓困弊，不已甚乎！

6. 官吏贪黩

五代之际，上自皇后宰臣，下至刺史县令，几无不贪黩货赂，或卖官鬻狱。若刘皇后，若郭崇韬，若苏逢吉，若范延光，若杨光远，若刘延朗，……不可胜纪。而中官伶人，亦纷求财贿。朱友谦，使相也，以无贿族诛；桑维翰，宰辅也，以

17

多财贾祸。他如纳贿多寡，定得州之善恶（见《刘延朗传》），买属阉宦，则固宠以取荣（见《张全义传》及《李嗣昭传》），甚至欲求一州，而货其橐装（见《苏逢吉传》），积财三十万，而叹无取主（见《刘延朗传》），其情尤可哂已。若夫窟藏铜钱而杀无辜（见《刘守光传》），吞没第宅而族李崧，则其贪毒之念更有甚于盗贼矣。故其颓风已成，沦胥莫挽。彼藩帅劫财，循环相杀，又何足异哉（见《范延光传》）？

7.天性灭绝

朱温篡唐，而友珪弑之；友珪既立，而友贞讨之；友贞即位，又诛友孜。此梁父子兄弟之相杀也（见《梁家人传》）。庄宗既立，杀其叔父克宁、其弟存乂；明宗篡立，杀其次子从荣。此唐父子叔侄之相杀也。刘守光囚父弑兄（见《刘守光传》），李彦珣射母拒晋（见《范延光传》），杨承勋幽父请降（见《杨光远传》）。伦常乖异，天性灭绝。此皆有史以来所稀见者也。

8.淫乱无行

梁太祖病，而诸子各邀其妇以入侍，友文与友珪妻专房侍疾。太祖幸张全义第，凡全义妻女皆迫淫之，而全义感其救围之恩，置而不校。刘皇后，庄宗妻也，而其弟友渥奸之。冯皇后，重胤妇也，而其侄出帝娶之。敬翔妻刘氏，尚让妻也，敬翔已贵，犹侍太祖，而敬翔不敢诘。安重诲奉命西行，朱弘昭使其妻子奉事左右甚谨。刘守光烝其父妾。是岂知人间有羞耻事哉？

五代十三君，出于夷狄者八人。其兴也暴，其亡也忽。及其灭也，子孙为戮而嗣绪以斩。老子所谓"福兮祸所伏"，此之谓矣。

四　五代扰乱之原因

五代之乱，可谓极矣！臣弑其君，子弑其父，兄弟相杀，强藩相并，严刑峻法，横征暴敛，奸豪迭出，盗贼蜂起。揆厥原因，亦自有由：

唐自中叶，藩镇跋扈，朝廷成"尾大不掉"之势，诸侯存"彼可取代"之心。益以宦者弄权，党祸迭兴，而朝臣、中官又各挟强藩以自重。于是奸豪得乘间崛起，遂移唐祚。此中央借重于武人有以召之也。

五代君主，多起行伍，罔识治体，率喜谄佞，好恶无常，黜陟自专。而仕宦之途，遂少忠义，视亡国辱君未尝屑意者，比比皆是。于是奸邪谄佞者受上赏，洁身自好者皆走避，而热诚为国者多诛死（试读冯道、郭崇韬、石昂传自知）。风行草偃，遂以成习。故终五代之世，全节之臣仅三人焉。此时君妄自菲薄，不知尊贤养士之过也。

五代帝王皆以马上得天下，其出身本至贱微。故为军将者，初不惜屈身以求进；及既为将而领方镇，则以为天子无种，兵强马壮者皆可为之（见《安重荣传》）。于是篡逆迭出，攻伐无已，视亡国丧君为有利可图（高行周不救李从益，刘知远不救晋出帝，皆是），广募军卒，厚养死士，视人民疾苦、国家丧乱，举无足重，惟求达其为帝为王之志而已。此五代之际所以奸豪迭出也。

朱全忠起自盗贼，而得转移唐祚，故其一时佐命诸将，或先从黄巢，或出自行伍。及温既贵，随从者亦皆位至将相。故五代将相家多寒微，而求富贵利达者遂皆视为捷径。风会所及，至今不衰。国之多乱，岂无故哉？

五代之君率多昏庸，故佞邪得进，而忠义见诛。郭崇韬以佐命之臣功居第一，一旦被谗，首领莫保；虽其行或有未善，而其所以为国则忠也。安重诲佐明宗有天下，其功亦不可没，一朝疑之，夫妇皆死，流血盈庭。冯道、张全义之徒，俯仰数朝，碌碌无所短长，而天下慕而称誉之。此非公道不彰，贤恶莫辨欤？

五代政治多出武人，未尝学问，举无足称。若豆卢革、韦说之徒，素餐尸位，罔谙治体。及周世宗出，政治始见修明。盖彼辈武夫，刚愎自是，愚蠢自用，虽有贤者，言之而不见重。此五代政治所以无足称也。

五代文士虽多，不闻有所建树。惟冯道、桑维翰等，位兼将相，而皆无耻。道事四姓十君，自叙以为荣。桑维翰丧权辱国，举晋国臣于夷狄而不足，复尊之以父，且割地以媚之。士之无行，至于此极。苟生以取荣，遂成五代无耻之风。

原书绪言

管子曰：礼义廉耻，国之四维；四维不张，国乃灭亡。五代之世，可谓无礼义廉耻之极矣！欧阳子曰："礼义，治人之大法；廉耻，立人之大节。"夫人至于无礼无义，亡廉寡耻，则何事不可为？何物不可取？彼杀戮奸淫，横暴无复人理者，直无礼义廉耻之念耳。五代仕宦者多矣，而"欧史"仅得全节之士三人，其无礼义廉耻者，不亦众乎？岂礼义廉耻之道至五代而不彰乎？抑五代之人不知有所谓礼义廉耻者在乎？是亦有故：盖五代之时，盗贼可以为天子（见《梁本纪》），嬖幸可以至将相（见《王峻传》），则"幸进"之念深中于人心而牢不可破。故未得之时，则忘其礼义廉耻以求之；既得之，则不顾礼义廉耻以守之；一旦失之，则泯其礼义廉耻之念以求复得之。于是求之者、得之者、失之者举不知礼义廉耻为何物。凡可以使其富贵利达者，父之可也，子之亦可也；兄之可也，弟之亦可也；变姓名可也，辱妻女亦可也。谄谀逢迎，惟恐或失。反乎是，虽父子不相容，兄弟不相能，倾陷排挤，篡弑攻杀，皆可以悍然行之而不顾。故其求富贵利达之心愈切，而礼义廉耻之念愈泯。上行下效，习以成风，遂使中原骚乱，垂数十年。是皆"幸进"之念有以中之也。

或曰："五代帝王，或及身而弑，或子孙为戮；求能全其后者，周世宗一人而已。至于领方镇，握兵符，峨大冠，拖长绅者，则诛戮夷灭，不可胜纪；而能保其首领以殁者，百不得一焉。则当时之为帝王将相者，理宜知所警惕矣。乃前仆后继，如驾已覆之车，而蹈其故辙，罔知憬悟。此何故哉？"盖礼义廉耻之节，不敌其富贵利达之心；故其所为，非徒不知有民，不知有国，更不知有其子孙，其甚者，并亡其身。古人谓："哀莫大于心死！"若五代君臣，直"心死"者耳，何足异哉？

五　选材之标准

1.《五代史》凡七十四卷，其列于"纪""传""世家"者，不下四百余人，势不能遍选而尽注之，故择其事绩之足以代表一代者，加以注释。

2.所选各传，取其互有关连者。同叙一事，此详而彼略，并选之，以资参证。

3.读书最苦枯燥，本书所选，则择其兴味浓厚，其史迹仍足以代表一代或一部分人物者。

4.凡本史有传而未经选入之人，如见于已选各传，则择其事迹之要者，加于注内。

5."本纪""世家""考""附录"，或语太简略，或事实不相连贯，或无关轻重，故皆从阙。如欲窥全豹，则可另读《五代史》。

6.本书依汲古阁本，其中不无讹误之处；而此次选注，参考书籍无多，缺漏之处，或亦未免。均望读者有以指教而纠正之！

梁家人传

文惠皇后王氏

梁太祖母曰文惠皇后王氏,单州单父①人也。其生三子:长曰广王全昱,次曰朗王存,其次太祖。

后少寡,携其三子佣食萧县②人刘崇家。太祖壮而无赖,县中皆厌苦之。崇患太祖慵惰不作业,数加笞责。独崇母怜之,时时自为栉沐,戒家人曰:"朱三非常人也,宜善遇之!"

黄巢起,太祖与存俱亡为盗,从黄巢攻广州③,存战死。居数岁,太祖背巢降唐,反以破巢,遂镇

---

① 单,shàn。单州,在今山东单县。单父,故城在今单县南。
② 萧县,故城在今安徽萧县西北。
③ 广州,在今广东广州市区。

宣武①。乃遣人以车马之萧县,迎后于崇家。使者至门,后惶恐走避,谓刘氏曰:"朱三落魄②无行,作贼死矣,何以至此邪?"使者具道太祖所以然,后乃惊喜泣下,与崇母俱载以归,封晋国太夫人。

太祖置酒太夫人前,举觞为寿,欢甚。太祖启曰:"朱五经③平生读书,不登一第④,有子为节度使⑤,无忝于先人也。"后恻然良久,曰:"汝能至此,可谓英特,然行义未必得如先人也!"太祖莫知其故。后曰:"朱二与汝俱从黄巢,独死蛮岭,其孤皆在午沟⑥。汝今富贵,独不念之乎!"太祖泣涕谢罪,乃悉召存诸子以归。

---

① 宣武,军名,唐末置。朱温以宣武军节度使篡唐,改开封府,即今河南开封市。
② 落魄,通作"落泊",志行衰恶之谓。今亦谓失业无聊曰落魄。
③ 太祖父名诚,以五经授徒,故云。
④ 登第,考试及格之称,谓能列于等第中。《新唐书·选举志上》:"通四经业成,上于尚书,吏部试之,登第者加一阶放选,其不第则习业如初。"
⑤ 节度使,官名,唐置。其始唯边疆有之,后则全国遍设。所统或一道,或数州,凡军民之政,用人理财,皆得主之。其官有节度大使、节度副使、知节度事、行军司马、判官、支使等。
⑥ 午沟,约当今安徽砀山县地。

太祖刚暴多杀戮，后每诫之，多赖以全活。

大顺①二年秋，后疾，卜者曰："宜还故乡。"乃归，卒于午沟。太祖即位，立四庙②，追尊皇考为穆皇帝，后曰文惠皇后。

元贞皇后张氏

太祖元贞皇后张氏，单州砀山县渠亭里③富家子也。太祖少以妇聘之，生末帝④。太祖贵，封魏国夫人。后贤明精悍，动有礼法，虽太祖刚暴，亦尝畏之。太祖每以外事访之，后言多中。太祖时时暴怒杀戮，后尝救护，人赖以获全。太祖尝出兵，行至中途，后意以为不然，驰一介⑤召之，如期而至。

郴王友裕攻徐州⑥，破朱瑾⑦于石佛山。瑾走，

---

① 大顺，唐昭宗年号。
② 四庙，高、曾、祖、父四世之宗庙。
③ 渠亭里，在今安徽砀山县。
④ 末帝，太祖子友贞。初封均王，后讨友珪，即皇帝位。晋灭梁，为其下所杀。
⑤ 一介，犹言一人。按："介"与"个"古字义通。
⑥ 友裕，太祖长子。徐州，今江苏徐州市。
⑦ 唐僖宗时，朱瑾为泰宁军节度使，为朱全忠所攻，奔淮南，依杨行密。后行密将徐温及子知训欲除之，瑾乃杀知训，自刎死。

友裕不追；太祖大怒，夺其兵。友裕惶恐，与数骑亡山中，久之，自匿于广王。后阴使人教友裕脱身自归。友裕晨驰入见太祖，拜伏庭中，泣涕请死；太祖怒甚，使左右捽出，将斩之。后闻之，不及履，走庭中持友裕泣曰："汝束身归罪，岂不欲明非反乎？"太祖意解，乃免。

太祖已破朱瑾，纳其妻以归；后迎太祖于封丘①，太祖告之。后遽见瑾妻，瑾妻再拜，后亦拜，凄然泣下曰："兖郓与司空②，同姓之国③。昆仲之间，以小故兴干戈，而使吾姒④至此；若不幸汴州⑤失守，妾亦如此矣！"言已又泣。太祖为之感动，乃送瑾妻为尼，后常给其衣食。——司空，太祖时检校官⑥也。

---

① 封丘，今河南封丘县。
② 兖，五代时为州，在今山东济宁市兖州区。郓，五代时亦为州，在今山东东平县西。司空，官名。周时为六卿之一。汉与司马、司徒并列三公，历代因之。掌水土之事。后人通称工部尚书为大司空。
③ 瑾与太祖同姓朱，故云。
④ 兄妻曰姒，弟妻曰娣。兄弟之妻相谓皆曰姒。
⑤ 汴州，唐时州名，属河南道，今河南开封市。
⑥ 检校官，为加官，其官高于正官，犹清代之加衔。东晋始置，唐因之。

天祐元年，后以疾卒。太祖即位，追册为贤妃。初葬开封县①润色乡。末帝立，追谥曰元贞皇太后②，祔于宣陵③。后已死，太祖始为荒淫，卒以及祸云。

广王全昱

广王全昱，太祖即位封。太祖与仲兄存俱亡为盗，全昱独与其母犹寄食刘崇家。太祖已贵，乃与其母俱归宣武，领山南西道④节度使。以太师⑤致仕。

太祖将受禅⑥，有司备礼前殿，全昱视之，顾太祖曰："朱三，尔作得否？"

太祖宴居⑦宫中，与诸王饮博，全昱酒酣，取

---

① 见前。
② 按，《廿二史考异》云："'太'字衍。"
③ 合葬曰祔。宣陵，为太祖陵，在洛京伊阙。
④ 唐置山南道，辖境相当于今四川嘉陵江流域以东，陕西秦岭、甘肃嶓冢山以南，河南伏牛山西南，湖北涢水以西，自重庆市至湖南岳阳之间的长江以北地区。为唐十道之一。后分为山南东、西二道。
⑤ 太师、太傅、太保为三公，而太师最尊，历代皆置之。
⑥ 禅，代。以天下传与他人，谓之禅让。时太祖将代唐而为天子。
⑦ 宴居，闲居。

骰子击盆而迸之，呼太祖曰："朱三！尔砀山一百姓，遭逢天子，用汝为四镇节度使①，于汝何负？而灭他唐家三百年社稷。吾将见汝赤其族②矣，安用博为！"太祖不悦，罢会。

全昱亦不乐在京师，常居砀山故里。三子皆封王：友谅衡王，友能惠王，友诲邵王。

乾化③元年，升宋州④为宣武军，以友谅为节度使。友谅进瑞麦一茎三穗，太祖怒曰："今年宋州大水，何用此为！"乃罢友谅，居京师。太祖卧病，全昱来视疾，与太祖相持恸哭。太祖为释友谅，使与东归。

贞明⑤二年，全昱以疾薨⑥。徙衡王友谅嗣封广王。

友能为宋、滑⑦二州留后，陈州⑧刺史。所至为

---

① 时太祖为宣武、宣义、天平、护国四镇节度使。
② 诛杀者必流血，故云赤族。或云：赤，空。谓一族尽空。
③ 乾化，梁太祖年号。
④ 宋州，唐时州名，五代因之，属河南道，今河南商丘市。
⑤ 贞明，梁末帝年号。
⑥ 按，《五代会要》："赠尚书令，谥德靖。"
⑦ 滑，在今河南滑县东。
⑧ 陈州，在今河南淮阳县。

不法，奸人多依倚之。而陈俗好淫祠左道，其学佛者，自立一法，号曰"上乘"，昼夜伏聚，男女杂乱。妖人母乙、董乙聚众称天子，建置官属。友能初纵之，乙等攻劫州县，末帝发兵击灭之。

自康王友孜①谋反伏诛，末帝始疏斥宗室，宗室皆反仄②。贞明四年③，友能以陈州兵反，犯京师，至陈留④，兵败，还走陈州，后数月降，末帝赦之，降为房陵侯。

友诲为陕州⑤节度使，欲以州兵为乱，末帝召还京师，与友谅、友能皆被幽囚。梁亡，庄宗入汴，皆见杀。

太祖子友文友珪

博王友文，字德明，本姓康，名勤。幼美风姿，好学，善谈论，颇能为诗，太祖养以为子。

---

① 友孜，太祖子。目重瞳子，尝自负当为天子。末帝即位，友孜使刺客夜入宫中，谋刺之。末帝寤，得刺客，手杀之，并诛友孜。
② 反仄，与"反侧"同，惶恐不安。
③ 按：本纪在龙德元年。
④ 陈留，在今河南开封市祥符区。
⑤ 陕州，在今河南三门峡市西陕县老城。

太祖领四镇，以友文为度支盐铁制置使①。太祖用兵四方，友文征赋聚敛以供军实②。太祖即位，以故所领宣武、宣义、天平、护国四镇征赋置建昌宫③总之，以友文为使，封博王。太祖幸西都，友文留守东京④。

庶人友珪⑤者，太祖初镇宣武，略地宋、亳⑥间，与逆旅⑦妇人野合而生也。长而辩黠多智。

博王友文多材艺，太祖爱之，而年又长。太祖即位，嫡嗣未立，心尝独属友文。

太祖自张皇后崩，无继室，诸子在镇，皆邀其妇入侍。友文妻王氏有色，尤宠之。太祖病久，王

---

① 度支，官署名。掌天下租赋物产，岁计所出而支调之，故谓之度支，历代皆有之，即今之财政部。又自汉以来，政府榷盐铁之税为岁入大宗，唐中叶始置盐铁使，梁因之。
② 征，征税。赋，敛。聚，会。敛，收。言其收聚民财，以供军用。
③ 按，《五代会要》：梁开平元年，置建昌院，管领兵车税赋诸色课利，有正使、副使。后唐同光四年二月，改国计使。
④ 梁以洛阳为西都，以汴州为东都。洛阳，详下注中；汴州，见《元贞皇后张氏传》注。
⑤ 友珪弑太祖自立，末帝即位，废为庶人。
⑥ 亳，五代时为州，今安徽亳州市。
⑦ 逆旅，客舍。

氏与友珪妻张氏常专房①侍疾。太祖病少间,谓王氏曰:"吾知终不起,汝之东都,召友文来,吾与之决。"盖心欲以后事属之。乃谓敬翔②曰:"友珪可与一郡,趣使之任。"乃以友珪为莱州③刺史。

太祖素刚暴,既病而喜怒难测。是时左降④者必有后命,友珪大惧。其妻张氏曰:"大家⑤以传国宝与王氏,使如东都召友文,君今受祸矣!"夫妇相对而泣。

左右劝友珪曰:"事急计生,何不早自为图!"友珪乃易衣服,微行入左龙虎军⑥,见统军韩勍计事,勍夜以牙兵⑦五百随友珪,杂控鹤卫士⑧而入。夜三鼓,斩关入万春门,至寝中,侍疾者皆走。太

---

① 专房,犹言专宠。
② 敬翔,见《梁臣传》。
③ 莱州,今山东莱州市。
④ 左,降。左降,犹言降职。
⑤ 大家,谓天子。
⑥ 龙虎军,京城军名。按,《五代会要》:"梁开平元年四月,改左右长直为左右龙虎军,……仍以亲王为军使。"
⑦ 《封氏闻见记》:近俗尚武,通称府门曰牙门,外刻木为牙,立于门侧,以象兽牙。牙兵,犹言府兵。
⑧ 控鹤卫士,天子宿卫近侍之兵。唐武后置控鹤府,为近幸之官,寻废。其后天子宿卫兵称控鹤军。

祖惶骇起呼曰："我疑此贼久矣！恨不早杀之！逆贼忍杀父乎！"友珪亲吏冯廷谔以剑犯太祖，太祖旋柱而走，剑击柱者三，太祖瘛，仆于床，廷谔以剑中之，洞其腹，肠胃皆流。友珪以裀褥①裹之寝中，秘丧四日。乃出府库，大赉群臣及诸军。遣受旨丁昭浦矫诏②驰至东都，杀友文。又下诏曰："朕艰难创业，逾三十年。托于人上，忽焉六载，中外叶力，期于小康③。岂意友文阴畜异图，将行大逆。昨二日夜，甲士突入大内④。赖友珪忠孝，领兵剿戮，保全朕躬。然而疾恙震惊，弥所危殆。友珪克平凶逆，厥功靡伦，宜委权主军国。"然后发丧。乾化二年六月既望⑤，友珪于柩前即皇帝位，拜韩勍忠武军⑥节度使，以末帝为汴州留后，河中朱友谦

---

① 裀，yīn，重席，谓加于褥上者，犹今毯子。褥，rù，本作"蓐"，坐卧具。
② 伪造妄托曰矫。矫诏，诈称皇帝之诏书。亦作"挢诏"。
③ 政教修明，使人各亲其亲，各子其子，如禹、汤、文、武、成王、周公之治，皆谓之小康。见《礼记·礼运》。
④ 天子所居曰大内。
⑤ 十五曰望。既望，谓十六日。
⑥ 忠武军，治同州，在今陕西大荔县，唐改匡国军。

为中书令①。友谦不受命。而怀州龙骧军②三千，劫其将刘重霸，据怀州，自言讨贼。三年正月，友珪祀天于洛阳③南郊，改元④曰凤历。

太祖外孙袁象先与驸马都尉赵岩⑤等谋与末帝讨贼。二月，象先以禁兵入宫，友珪与妻张氏趋北垣楼下，将逾城以走，不果，使冯廷谔进刃其妻及己，廷谔亦自杀。

末帝即位，复友文官爵，废友珪为庶人。

……

呜呼！《春秋》之法，是非与夺之际，难矣哉！或问："梁太祖以臣弑君，友珪以子弑父，一也。与弑即位，逾年改元，《春秋》之法，皆以君

---

① 河中，唐时为府，在今山西永济市。朱友谦，本名简，太祖录以为子，更名友谦。后降晋，封西平王。庄宗时，伶人、宦官求赂于友谦，友谦无以应，被逸族诛。中书令，官名。中书省之长官，典奏事尚书，唐后多以大臣任之。
② 怀州，在今河南沁阳市。龙骧军，美其军矫健如龙之腾骧。
③ 祀天，祭天。洛阳，今河南洛阳市。
④ 古者新君即位，逾年改元，不设年号，亦无中途改元之制。战国以后，其制渐改，历朝因之。
⑤ 驸马都尉，官名。汉置驸马都尉，掌驸马，谓掌副车之马。魏晋以后，尚公主者皆拜驸马都尉，世人因称主婿为驸马。赵岩，详后《赵犨传》。

书，而友珪不得列于本纪①，何也？且父子之恶均，而夺其子，是与其父也，岂《春秋》之旨哉？"予应之曰："梁事著矣！其父之恶，不待与夺其子而后彰。然末帝之志，不可以不伸也。《春秋》之法：君弑而贼不讨者，国之臣子任其责。予于友珪之事，所以伸讨贼者之志也。"

---

① 记天子之事曰本纪。

唐家人传

庄宗神闵敬皇后

庄宗神闵敬皇后刘氏，魏州成安①人也。庄宗正室②曰卫国夫人韩氏，其次燕国夫人伊氏，其次后也，初封魏国夫人。

后父刘叟，黄须，善医卜，自号"刘山人"。后生五六岁，晋王攻魏，掠成安。裨将袁建丰③得后，纳之晋宫。贞简太后④教以吹笙歌舞。既笄⑤，

---

① 魏州，在今河北大名县东。成安，今河北成安县。
② 正室，嫡妻。
③ 裨，辅。称将佐曰偏裨。袁建丰，幼为晋王所收养，数从征伐有功。庄宗时，历任洺、相、隰三州刺史，病废。明宗时，召还京，加检校太尉，遥领镇南军节度使卒。
④ 贞简太后，晋王妃，庄宗母。
⑤ 《礼》：女子十有五年而笄。故言女子成年曰及笄。

甚有色，庄宗见而悦之。庄宗已为晋王，太后幸其宫，置酒为寿，自起歌舞。太后欢甚，命刘氏吹笙佐酒。酒罢去，留刘氏以赐庄宗。

先时，庄宗攻梁军于夹城，得符道昭妻侯氏，专宠诸宫，宫中谓之"夹寨夫人"。庄宗出兵四方，常以侯氏从军。其后，刘氏生子继岌①，庄宗以为类己，爱之，由是刘氏宠益专。自下魏、博②，战河上十余年，独以刘氏从。刘氏多智，善迎意承旨，其他嫔御③莫得进见。

其父闻刘氏已贵，诣魏宫上谒。庄宗召袁建丰问之，建丰曰："臣始得刘氏于成安北坞，时有黄须丈人护之。"乃出刘叟示建丰，建丰曰："是也。"然刘氏方与诸夫人争宠，以门望相高，因大怒曰："妾去乡时，略可记忆：妾父不幸死于乱兵，妾时环尸恸哭而去。此田舍翁安得至此！"因命笞刘叟

---

① 继岌，庄宗长子，封魏王。伐蜀还，未至京而明宗反，为其下所杀。事分见《任圜传》及《郭崇韬传》。
② 博，州名，今山东聊城市。
③ 古者天子后立六宫、三夫人、九嫔。嫔，官名。又妃。又嫔妃谓之御。《周礼》："以妇职之法教九御。"

于宫门。

庄宗已即皇帝位，欲立刘氏为皇后，而韩夫人正室也，伊夫人位次在刘氏上，以故难其事而未发。宰相豆卢革、枢密使郭崇韬①希旨，上章言刘氏当立，庄宗大悦。同光②二年癸未，皇帝御文明殿，遣使册③刘氏为皇后。皇后受册，乘翟④车，卤簿⑤，鼓吹，见于太庙⑥。韩夫人等皆不平之，乃封韩氏为淑妃，伊氏为德妃。

庄宗自灭梁，志意骄怠，宦官、伶人乱政，后特用事于中。自以出于贱微，逾次得立，以为佛力。又好聚敛，分遣人为商贾，至于市肆之间，薪刍果茹，皆称中宫所卖。四方贡献，必分为二：一以上天子，一以入中宫。宫中货贿山积。惟写佛

---

① 豆卢革，唐名族。庄宗即位，拜平章事。革虽名族，素不学问，除拜官吏，多失其序，俯仰默默，无所闻。天成初，以事窜谪，寻赐自尽。郭崇韬，见后《唐臣传》。
② 同光，庄宗年号。
③ 册，符命，封爵所授之文。
④ 翟，dí，雉尾。用为王后车饰，以障蔽车之前后。
⑤ 卤簿，仪仗。其说不一：或谓卤为大盾。天子出，兵卫以盾甲为前导，皆著之簿，故曰卤簿。或谓天子驾出，例以卤水洒道，取其不骤干，足以清尘；仪卫之簿籍，以卤为始事，故曰卤簿。
⑥ 太庙，天子之祖庙。

书，馈赂僧尼。而庄宗由此亦佞佛①。

有胡僧自于阗②来，庄宗率皇后及诸子迎拜之。僧游五台山③，遣中使供顿④，所至倾动城邑。又有僧诚惠，自言能降龙。尝过镇州⑤，王镕⑥不为之礼，诚惠怒曰："吾有毒龙五百，当遣一龙揭片石，常山⑦之人皆鱼鳖也。"会明年滹沱⑧河大水，坏镇州关城，人皆以为神。庄宗及后率诸子、诸妃拜之，诚惠端坐不起。由是士无贵贱皆拜之，独郭崇韬不拜也。

是时皇太后及皇后交通藩镇，太后称"诰令"，皇后称"教命"，两宫使者旁午⑨于道。许州⑩节度

---

① 佞，谄。佞佛，谓笃信佛教。
② 于阗，汉西域古国。自汉至宋，皆通中国。在今新疆和田。
③ 五台山，在今山西五台县东北。
④ 中使，谓宫廷之使。顿，宿食之所。
⑤ 镇州，在今河北正定县。
⑥ 王镕，为镇州节度使。初事梁，后事庄宗。仁而不武，不亲军政，又惑于左道，为其下所杀。
⑦ 常山，在今河北正定县南。
⑧ 滹沱，河名。"滹"亦作"嘑"。源出山西繁峙县东之泰戏山，由代县、原平、定襄、五台、盂县境入河北，历平山、正定、献县等县，合滏阳河东北流，为子牙河，至天津，会北运河入海。
⑨ 一纵一横曰旁午，谓纵横交错。今亦谓事繁曰旁午。
⑩ 许州，今河南许昌市。

使温韬①以后佞佛，因请以私第为佛寺，为后荐福。庄宗数幸郭崇韬、元行钦②等私第，常与后俱。其后幸张全义③第，酒酣，命后拜全义为养父。全义日遣姬妾出入中宫，问遗不绝。

庄宗有爱姬，甚有色而生子，后心患之。庄宗燕居宫中，元行钦侍侧，庄宗问曰："尔新丧妇，其复娶乎？吾助尔聘！"后指爱姬请曰："帝怜行钦，何不赐之？"庄宗不得已，阳诺之。后趣行钦拜谢，行钦再拜，起，顾爱姬，肩舆已出宫矣。庄宗不乐，称疾不食者累日。

同光三年秋大水，两河之民流徙道路，京师赋调不充，六军之士，往往殍踣，乃预借明年夏秋租税，百姓愁苦，号泣于路，庄宗方与后荒于畋游。十二月己卯猎，畋于白沙④，后率皇子、后宫毕从，

---

① 温韬，华原人。初事李茂贞，冒姓李，名彦韬。继降梁，复其姓，更名曰昭图，为静胜军节度使。在镇发掘唐诸陵，昭陵所藏钟、王笔迹，遂传人间。后降唐，赐姓名李绍冲。明宗入洛，收下狱，后流放于德州，赐死。
② 元行钦，见后《唐臣传》。
③ 张全义，见后《杂传》。
④ 白沙，在今河南中牟县西。

历伊阙，宿龛涧①，癸未乃还。是时大雪，军士寒冻。金枪卫兵万骑，所至责民供给，坏什器，彻庐舍而焚之，县吏畏惧，亡窜山谷。

明年三月，客星犯天库②，有星流于天棓③，占星者言："御前当有急兵，宜散积聚以禳之。"宰相请出库物以给军，庄宗许之。后不肯，曰："吾夫妇得天下，虽因武功，盖亦有天命；命既在天，人如我何？"宰相论于延英④，后于屏间耳属之，因取妆奁及皇幼子满喜置帝前曰："诸侯所贡，给赐已尽，宫中所有，惟此耳，请鬻以给军！"宰相惶恐而退。

及赵在礼⑤作乱，出兵讨魏，始出物以赉军。

---

① 伊阙，在今河南洛阳市区南。龛涧，按亦当在河南洛阳市区南。
② 客星，素非习见而忽见之星。天库，星名，轸南众星。
③ 棓，bàng。天棓，星名，紫宫右三星。
④ 延英，殿名。
⑤ 赵在礼，涿州人，字干臣。庄宗时为指挥使，后作乱，称魏州兵马留后。明宗时，历镇横海、泰宁等处，所至邸店罗列，积赀巨万。晋末帝时，镇宋州，民尤苦之。已而罢去，宋人喜相谓曰："眼中钉拔去矣！"寻复职，乃籍管内口率钱一千，自号"拔钉钱"。晋亡，契丹入汴，在礼遇拽剌等，迎拜马首，侵辱诛求，不胜其愤，遂自经死。

军士负而诉曰:"吾妻子已饿死,得此何为!"庄宗东幸汴州,从驾兵二万五千。及至万胜①,不得进而还。军士离散,所亡大半。

至罂子谷②,道路隘狭,庄宗见从官执兵杖者,皆以好言劳之曰:"适报魏王平蜀③,得蜀金银五十万,当悉给尔等。"对曰:"陛下与之太晚,得者亦不感恩。"庄宗泣下,因顾内库④使张容哥,索袍带以赐之。容哥对曰:"尽矣!"军士叱容哥曰:"致吾君至此,皆由尔辈!"因抽刀逐之,左右救之而免。容哥曰:"皇后惜物,不以给军,而归罪于我;事若不测,吾身万段矣!"乃投水而死。

郭从谦⑤反,庄宗中流矢,伤甚,卧绛霄殿廊下,渴欲得饮。后令宦者进飧酪⑥,不自省视。

---

① 万胜,在今河南中牟县东。
② 罂子谷,按当在河南西北境。
③ 蜀,在今四川西部地区,治今之成都市。史称前蜀,为五代十国之一,唐末王建据蜀称帝,共二主三十五年。
④ 内库,宫内之府库。庄宗分天下财赋为内外府:州县上供者入外府,充给费;方镇贡献者入内府,充宴游及赐给左右。见《通考》。
⑤ 郭从谦,详后《伶官传》。
⑥ 飧,熟食。朝曰饔,夕曰飧。又指以水和饭。酪,浆,酒类。又指果食煮之成浆。

庄宗崩，后与李存渥①等焚嘉庆殿，拥百骑出师子门。后于马上以囊盛金器宝带，欲于太原②造寺为尼，在道与存渥奸，及至太原，乃削发为尼。明宗入立，遣人赐后死③。晋天福④五年，追谥曰神闵敬皇后。

自唐末丧乱，后妃之制不备；至庄宗时，后宫之数尤多：有昭容、昭仪、昭媛、出使、御正、侍真、懿才、咸一、瑶芳、懿德、宣一等，其余名号，不可胜纪。庄宗遇弑，后宫散走，朱守殷⑤入宫，选得三十余人。虢国夫人夏氏以尝幸于庄宗，守殷不敢留。明宗立，悉放庄宗时宫人还其家，独夏氏无所归，乃以河阳⑥节度使夏鲁

---

① 李存渥，太祖子，封申王。庄宗时，妖人杨千郎用事，存渥与存义往往朋淫于其家。及庄宗崩，存渥与刘后奔太原，至风谷，为部下所杀。
② 太原，今山西太原市。
③ 为符彦超所杀。
④ 天福，晋高祖年号。
⑤ 朱守殷，少事庄宗为奴，名会儿。庄宗即位，以守殷为军使，好言人阴私长短以自给。庄宗崩，明宗入洛，迁宣武军节度使，寻闭城反，兵败自杀。
⑥ 河阳，在今河南孟州市西。

奇[1]同姓也，因以归之，后嫁契丹突欲李赞华[2]。赞华性酷毒，喜杀人，婢妾微过，常加刲灼。夏氏惧，求离婚，乃削发为尼以卒。而韩淑妃、伊德妃皆居于太原，晋高祖反时，为契丹所虏。

明宗淑妃王氏

淑妃王氏，邠州[3]饼家子也。有美色，号"花见羞"。少卖梁故将刘鄩[4]为侍儿，鄩卒，王氏无所归。是时明宗夏夫人[5]已卒，方求别室[6]，有言王氏于安重诲[7]者，重诲以告明宗而纳之。

王氏素得鄩金甚多，悉以遗明宗左右及诸子

---

[1] 夏鲁奇，青州人，字邦杰。初事梁，后奔晋，庄宗赐姓名曰李绍奇，后复故镇河阳，为政有惠爱。徙镇忠武，民留不得行。后徙镇武信。董璋反，攻遂州，城中食尽，自刎死。
[2] 李赞华，本契丹阿保机长子，名突欲，为东丹王。及阿保机死，契丹人共立其弟耀屈之（即德光），突欲奔唐。明宗赐其姓为东丹，名慕华，拜怀化军节度使。二年，更赐姓名曰李赞华。后为唐废帝所杀。
[3] 邠州，在今陕西彬州市。
[4] 刘鄩，见《梁臣传》。
[5] 夏夫人，不悉其家世。明宗未即位前卒，追册为皇后，谥曰昭懿。
[6] 别室，亦作"别房"，妾。
[7] 安重诲，详后《唐臣传》。

妇，人人皆为王氏称誉，明宗益爱之。而夫人曹氏为人简质①，常避事，由是王氏专宠②。

明宗即位，议立皇后，而曹氏当立。曹氏谓王氏曰："我素多病，而性不耐烦，妹当代我。"王氏曰："后，帝匹③也。至尊之位，谁敢干④之？"乃立曹氏为皇后，王氏为淑妃。

妃事皇后亦甚谨，每帝晨起盥栉服御⑤，皆妃执事左右。及罢朝，帝与皇后食，妃侍，食彻乃退，未尝少懈。皇后心亦益爱之，然宫中之事皆主于妃。

明宗病，妃与宦者孟汉琼⑥出纳左右，遂专用事，杀安重诲、秦王从荣⑦，皆与焉。刘郡诸子皆以妃故封拜官爵。

愍帝⑧即位，册尊皇后为皇太后，妃为皇太妃。

---

① 简，略。质，朴实无文。
② 专宠，犹言专房之宠。
③ 匹，偶，配。言彼此相等而配合。
④ 干，求。
⑤ 盥，盥器。又以盘水洗沃曰盥。栉，梳篦之总名。又理发曰栉。服御，衣服车马。
⑥ 孟汉琼，见《宦者传》。
⑦ 从荣，见《唐家人传》。
⑧ 愍帝，明宗第五子从厚。

初，明宗后宫有生子者，命妃母之，是为许王从益。

从益乳母①司衣王氏，见明宗已老而秦王握兵，心欲自托为后计，乃曰："儿思秦王。"是时从益已四岁。又数教从益自言求见秦王，明宗遣乳妪将儿往来秦府，遂与从荣私通。从荣因使王氏伺察宫中动静。从荣已死，司衣王氏以谓秦王实以兵入宫卫天子而以反见诛，出怨言。愍帝闻之，大怒，赐司衣王氏死，而事连太妃，由是心不悦，欲迁之至德宫，以太后素善妃，惧伤其意而止，然待之甚薄。

废帝②入立，尝置酒妃院。妃举酒曰："愿辞皇帝为比丘尼③。"帝惊问其故，曰："小儿处偶得命，若大儿不容，则死之日何面见先帝！"因泣下，废帝亦为之凄然，待之颇厚。

---

① 旧律：以父妾哺乳者为乳母。见《朱子家礼·三父八母服制条》。古亦称奶母为乳母。今通俗称乳妪为乳母。
② 废帝，李从珂，本姓王，小名阿三，母魏氏。明宗过平山，掠得之，遂以为子。
③ 释氏谓行乞为比丘。见《魏书》。盖谓僧之募化者。比丘尼，女僧。

石敬瑭①兵犯京师，废帝聚族将自焚。妃谓太后曰："事急矣，宜少回避，以俟姑夫。"太后曰："我家至此，何忍独生！妹自勉之！"太后乃与帝俱燔死②，而妃与许王从益及其妹匿于鞠院③以免。

晋高祖立，妃自请为尼，不可，乃迁于至德宫。晋迁都汴，以妃子母俱东，置于宫中，高祖皇后事妃如母。天福四年九月癸未，诏以郇国④三千户封唐许王从益为郇国公，以奉唐祀，服色、旌旗一依旧制。太常⑤议立庄宗、明宗、愍帝三室，以至德宫为庙；诏立高祖、太宗，为五庙，使从益岁时主祠。

出帝⑥即位，妃母子俱还洛阳。契丹犯京师，

---

① 石敬瑭，晋高祖。夷人，为明宗婿。后末帝疑之，遂叛。以契丹力得国，尊契丹为"父皇帝"，割燕云十六州以献之。
② 太后乃与帝俱燔死，按：应作"和武宪皇后与废帝俱燔死"。因追行册谥，不应疏而不载。
③ 鞠，皮球。踢球，古谓之蹋鞠，亦曰蹙鞠。鞠院，蹴鞠之所。
④ 郇国，在今山西临猗县。
⑤ 太常，官名，掌宗庙礼仪。
⑥ 出帝，敬瑭兄敬儒子，名重贵。高祖六子，五皆早死，重睿幼，故重贵得立。即位后，与契丹绝盟。后契丹大举侵晋，执帝北去，封为负义侯，不知所终。

赵延寿[①]所尚[②]明宗公主已死，耶律德光乃为延寿娶从益妹，是为永安公主。公主不知其母为谁，素亦养于妃，妃至京师主婚礼。德光见明宗画像，焚香再拜，顾妃曰："明宗与我约为弟兄，尔吾嫂也。"已而靳[③]之曰："今日乃吾妇也！"乃拜从益为彰信军[④]节度使，从益辞，不之官，与妃俱还洛阳。

德光北归，留萧翰[⑤]守汴州。汉高祖[⑥]起太原，翰欲北去，乃使人召从益，委以中国。从益子母逃于徽陵[⑦]域中，以避使者。使者迫之以东，遂以从

---

① 赵延寿，常山人，本姓刘，为赵德钧养子。仕唐，累迁枢密使，镇徐州。晋高祖起义，末帝委延寿北伐，陷于契丹。契丹主委以图南，许以中原帝之。乃诱导番军，蚕食河朔。既封燕王，为枢密使，又求立为皇太子，契丹主不许。后为契丹永康王所执，籍其家，以延寿入国，竟卒于契丹。
② 娶公主谓之尚主。尊帝王之女，不敢言娶，故曰尚。
③ 靳，侮辱。戏而相愧曰靳。
④ 彰信军，在今山东曹县西北。
⑤ 萧翰，契丹之大族，其号阿钵，本无姓氏。翰妹亦嫁德光，契丹呼翰为国舅，李崧为制姓名曰萧翰。
⑥ 汉高祖，刘知远。本沙陀部人，佐晋高祖起兵，有功，拜中书令，封太原王。及契丹灭晋，不赴难，旋即帝位于晋阳，国号汉，后都汴。在位一年崩。
⑦ 徽陵，明宗陵。

益权知南朝军国事。

从益御崇元殿，翰率契丹诸将拜殿上，晋群臣拜殿下。群臣入谒太妃，妃曰："吾家子母孤弱，为翰所迫，此岂福邪？祸行至矣！"乃以王松、赵上交①为左右丞相，李式、翟光邺为枢密使②，燕将刘祚③为侍卫亲军都指挥使。翰留契丹兵千人属祚而去。

汉高祖拥兵而南，从益遣人召高行周、武行德等为拒④，行周等皆不至，乃与王松谋以燕兵闭城自守。妃曰："吾家亡国之余，安敢与人争天下？"

---

① 王松，晋高祖累拜工部尚书。及汉高祖入洛，先遣人驰诏东京百官授伪命者皆焚之，使勿自疑。松自指其胸，引郭子仪自诮以语人曰："此乃二十四考中书令也。"闻者笑之。赵上交，本名远，因避汉高祖讳，以字行。历仕晋、汉、周、宋，以干闻。当时称有"公辅器"。
② 李式，以平隐著称。善楷隶。翟光邺，字化基，历事唐、晋、汉、周。为人沉默多谋，事继母以孝闻。枢密使，唐代宗始置，以宦者为之，掌承受表奏。梁改为崇政使，更用士人。唐庄宗命幸臣兼枢密使，其权愈重。
③ 刘祚，本史无传，燕王赵延寿之将。
④ 高行周，继思子，字尚质。李克用既尽杀继思兄弟，行周时年十余岁，收之帐下。稍长，补以军职。历仕唐、晋、汉、周为节度使，封齐王。武行德，榆次人。貌奇伟，勇力过人，历仕晋、汉、周、宋，积官至太子太傅卒。拒，抗，抵御。

乃遣人上书迎汉高祖。

高祖闻其尝召行周而不至，遣郭从义①先入京师杀妃母子。妃临死呼曰："吾家母子何罪！何不留吾儿，使每岁寒食②持一盂饭洒明宗坟上！"闻者悲之。从益死时年十七。

明宗子从荣

秦王从荣，天成元年以检校司徒兼御史大夫③，拜天雄军④节度使、同中书门下平章事⑤。三年，徙镇河东⑥。长兴⑦元年，拜河南尹⑧，兼判六

---

① 郭从义，其先沙陀部人，后家太原，仕汉高祖。开宝中，以太子太师致仕。从义厚重有谋略，尤善飞白书。
② 《荆楚岁时记》："去冬节一百五日，即有疾风甚雨，谓之寒食，禁火三日。"据历，合在清明前二日。亦有去冬至一百六日者。
③ 天成，明宗年号。司徒，官名。为三公之一，掌以礼教导民。清时称户部尚书为大司徒。御史，官名，周时掌赞书而授法令。秦、汉并为亲近之职，长官曰御史大夫。后汉以来，始专弹劾之任，历代因之。
④ 天雄军，在今河北大名县东。
⑤ 同中书门下平章事，官名。唐时以尚书、中书、门下三省之长官为宰相，又以其官隆重不常置，以他官摄其职，谓之同中书门下平章事，省称同平章事。按：平章有品评筹划之意。
⑥ 河东，在今山西永济市。
⑦ 长兴，明宗年号。
⑧ 尹，官名，众官之长。如道尹、府尹、县尹之类。

军诸卫①事。

从璟②死,从荣于诸皇子次最长,又握兵柄。然其为人轻隽而鹰视③,颇喜儒学,为歌诗,多招文学之士,赋诗饮酒。故后生浮薄之徒,日进谀佞以骄其心。自将相大臣皆患之。明宗颇知其非而不能裁制。

从荣尝侍侧,明宗问曰:"尔军政之余习何事业?"对曰:"有暇读书,与诸儒讲论经义尔。"明宗曰:"经有君臣父子之道,然须硕儒端士乃可亲之。吾见先帝好作歌诗,甚无谓也。汝将家子,文章非素习,必不能工,传于人口,徒取笑也。吾老矣,于经义虽不能晓,然尚喜屡闻之,其余不足学也。"

是岁秋,封从荣秦王。故事:诸王受封不朝庙④。而有司希旨,欲重其礼,乃建议曰:"古者因

---

① 任防护之职者曰卫,时唐设有卫军。
② 从璟,明宗长子,为人骁勇善战,而谦退谨饬。明宗反,从璟在庄宗侧,帝欲遣从璟通问,元行钦以为不可,遂杀之。
③ 轻,轻脱。隽,jùn,通"俊",才智出众。鹰视,狠戾貌。
④ 庙,宗庙。

禘、尝而发爵禄①，所以示不敢专；今受大封而不告庙，非敬顺之道也。"于是从荣朝服，乘辂车②，具卤簿，至朝堂受册，出，载册以车，朝于太庙。京师之人皆以为荣。

三年，加兼中书令。有司又言："故事：亲王班宰相下③。今秦王位高而班下，不称。"于是与宰相分班而居右④。

四年，加尚书令，食邑⑤万户。太仆少卿何泽⑥上书，请立从荣为皇太子。

是时明宗已病，得泽书不悦，顾左右曰："群臣欲立太子，吾当养老于河东。"乃召大臣议立太子事，大臣皆莫敢可否。从荣入白曰："臣闻奸人言，欲立臣为太子，臣实不愿也。"明宗

---

① 禘、尝，皆祭名，大祭。《礼记·王制》："天子诸侯宗庙之祭，春曰礿，夏曰禘，秋曰尝，冬曰烝。"爵，爵位。禄，俸禄。
② 辂车，大车。
③ 言亲王班次在宰相之下。
④ 右，上。
⑤ 食邑，言食其邑之租入，如古之采地。
⑥ 太仆，官名，掌祭礼、祭品。何泽，少好学，长于诗歌。外虽直言，内实邪佞。年七十，尚希仕进。晋高祖入立，召为太常少卿，卒于家。

曰："此群臣之欲耳！"从荣出，见范延光①、赵延寿等曰："诸公议欲立吾为太子，是欲夺吾兵柄而幽之东宫②耳。"延光等患之，乃加从荣天下兵马大元帅。

有司又言："元帅或统诸道，或专一面，自前世无天下大元帅之名。其礼无所考按。请自节度使以下，凡领兵职者，皆具橐鞬③，以军礼庭参④；其兼同中书门下平章事者，初见亦如之，其后许如客礼。凡元帅府文符行天下，皆用帖⑤。升班在宰相上。"

从荣大宴元帅府，诸将皆有颁给。控鹤、奉

---

① 范延光，临漳人，字子瑰。唐明宗牧相州，延光为亲校。明宗下郓州，梁兵屯杨刘口以扼之，累为明宗间行达机事于庄宗，为梁兵所获，榜笞数百，威以白刃，终不泄其事。庄宗入汴，得释。累官检校太师。高祖时，封临清王，已叛，复降，拜天平军节度使。以太子少师致仕。为其仇杨光远所害。
② 《神异经》：东方宫门有银榜，以青石碧镂，题曰"天地长男之宫"。故太子所居之宫曰东宫，又曰青宫。
③ 橐，tuó。橐鞬，马上盛弓矢器。
④ 庭参，参见于庭。
⑤ 符，以竹为之，书文字其上，剖而为二，各存其一，合之以为征信者。又或以木及金玉为之。帖，以帛作书。古书于帛者曰帖，书于竹木者曰简册。

圣、严卫指挥使[1]，人马一匹、绢十匹[2]；其诸军指挥使，人绢十匹；都头以下，七匹至三匹。又请严卫、捧圣千人为牙兵，每入朝，以数百骑先后，张弓挟矢，驰走道上，见者皆震慑。从荣又命其寮属及四方游士试作《征淮檄》[3]，陈己所以平一天下之意。

言事者请为诸王择师傅，以加训导，宰相难其事，因请从荣自择。从荣乃请翰林学士崔棁、刑部侍郎任赞为元帅判官[4]。明宗曰："学士代予言，不

[1] 奉，通"捧"。控鹤、奉圣、严卫，皆京城诸军。按，《五代会要》：应顺元年三月，改左右羽林四十指挥为严卫左右军，龙武、神武四十指挥为捧圣左右军。从荣为元帅，在明宗朝，似不应有"严卫""捧圣"之名。又长兴三年三月，敕卫军、神威、雄威、英魏府、广捷已下指挥，宜改为左右羽林，置四十指挥。每十指挥立为一军；每一军置都指挥使一人，兼分为左右厢。指挥使，禁卫之官。
[2] 言每人赐马一匹、绢十匹。
[3] 淮，指淮河流域之地：西抵汉，南据江，北距淮；今湖北大江以北，汉江以东，及江苏、安徽江以北、淮以南之地。檄，古之官文书。用木简，长尺二寸，征召、晓谕、诘责等皆用之。
[4] 翰林院，官署名。唐初置翰林院，为内庭供奉之所。玄宗别置学士院，后遂兼翰林之称为翰林学士。侍直禁庭，专司制诰。崔棁，字子文，工文辞，历仕唐、晋。曾知贡举，时有孔英者，丑行素著，桑维翰谓棁曰："孔英来矣！"棁误其意，乃考英及第，物议大哗。后卒于西京。刑部，旧官制六部之一，掌刑法讼狱之事。侍郎，即尚书郎。隋炀帝于六部各置侍郎一人，以贰尚书，历代因之。沿至清末，又改各部侍郎为各部副大臣。任赞，本史无传。判官，判公事之官。

可也。"从荣出而恚曰："任以元帅而不得请属寮，非吾所谕①也！"

将相大臣见从荣权位益隆，而轻脱②如此，皆知其祸而莫敢言者。惟延光、延寿阴有避祸意，数见明宗，涕泣求解枢密，二人皆引去，而从荣之难作。

十一月戊子，雪，明宗幸宫西土和亭，得伤寒疾。己丑，从荣与枢密使朱弘昭、冯赟③入问起居于广寿殿，帝不能知人④。王淑妃告曰："从荣在此！"又曰："弘昭等在此！"皆不应。从荣等去，乃迁于雍和殿，宫中皆恸哭。至夜半后，帝蹶然自兴⑤于榻，而侍疾者皆去。顾殿上守漏⑥宫女曰：

---

① 谕，知。
② 轻脱，轻率脱略。
③ 赟，yūn。范延光、赵延寿既罢相，诏以朱弘昭、冯赟代二人。弘昭，太原人，少事明宗为客将。明宗崩，迎立愍帝。潞王从珂反，愍帝召弘昭计事，弘昭投井死。赟亦太原人，儿时以通黠为明宗所爱，与弘昭共迎立愍帝。从珂反，弘昭死，安从进闻之，乃杀赟于其家。其母新死，母子弃尸于道，妻子皆见杀。
④ 知，识别。不能知人，谓不省人事。
⑤ 蹶然，惊起貌。兴，起。
⑥ 漏，古计时器。

"夜漏几何？"对曰："四更矣！"帝即唾肉如肺者数片，溺涎液斗余。守漏者曰："大家①省事乎？"曰："吾不知也！"有顷，六宫②皆至，曰："大家还魂矣！"因进粥一器。至旦，疾少愈，而从荣称疾不朝。

初，从荣常忌宋王从厚③贤于己，而惧不为嗣。其平居骄矜自得，及闻人道宋王之善，则愀然有不足之色。其入问疾也，见帝已不知人，既去，而闻宫中哭声，以谓帝已崩矣，乃谋以兵入宫。使其押衙马处钧④告弘昭等，欲以牙兵入宿卫，问何所可以居者。弘昭等对曰："宫中皆王所可居，王自择之。"因私谓处钧曰："圣上万福⑤，王宜竭力忠孝，不可草草⑥！"处钧具以告从荣。从荣还遣处钧语弘昭等曰："尔辈不念家族乎？"弘昭、赟及宣徽

---

① 亲近侍从官称天子曰大家。
② 古者天子后立六宫，皇后正寝一，燕寝五，夫人以下分居于此。
③ 从厚，《唐家人传》未详。校订者按：即后唐愍帝。
④ 马处钧，本史未详。
⑤ 万福，言万福骈臻。意谓明宗未死。
⑥ 草草，谓劳心。又凡事苟简亦曰草草。

使①孟汉琼等入告王淑妃以谋之,曰:"此事须得侍卫兵为助。"乃召侍卫指挥使康义诚②,谋于竹林之下。义诚有子在秦王府,不敢决其谋,谓弘昭曰:"仆为将校,惟公所使尔!"弘昭大惧。

明日,从荣遣马处钧告冯赟曰:"吾今日入居兴圣宫。"又告义诚,义诚许诺。赟即驰入内,见义诚及弘昭、汉琼等,坐中兴殿阁议事。赟责义诚曰:"主上所以畜养吾徒者,为今日尔。今安危之机,间不容发③,奈何以子故怀顾望?使秦王得至此门,主上安所归乎?吾辈复有种乎?"汉琼曰:"贱命不足惜,吾自率兵拒之。"即入见曰:"从荣反,兵已攻端门。"宫中相顾号泣。明宗问弘昭等曰:"实有之乎?"对曰:"有之!"明宗以手指天泣下,良久,曰:"义诚自处置,毋令震动京师。"潞王子重吉④在侧,明宗曰:"吾与尔父

---

① 宣徽使,官名。唐置宣徽南北院使,以宦官任之,总领内诸司及三班内侍之籍,郊祀、朝会、宴飨、供帐之事;五代因之,往往以大臣为之。
② 康义诚,详《唐臣传》。
③ 间不容发,相距极近,中无容一发之间隙。谓事极迫急。
④ 重吉,从珂子。及从珂反,愍帝遂杀之。

起微贱，至取天下，数救我危窘，从荣得何气力，而作此恶事？尔亟以兵守诸门！"重吉即以控鹤兵守宫门。

是日，从荣自河南府拥兵千人以出。从荣寮属甚众，而正直之士多见恶，其尤所恶者，刘赞、王居敏，而所昵者，刘陟、高辇①。从荣兵出，与陟、辇并辔耳语，行至天津桥南，指日景②谓辇曰："明日而今诛王居敏矣！"因阵兵桥北，下据胡床③而坐。

使人召康义诚，而端门已闭；叩左掖门，亦闭；而于门隙中见捧圣指挥使朱弘实④率骑兵从北来，即驰告从荣。从荣惊惧，索铁压心，自调弓矢。皇城使安从益⑤率骑兵三百冲之，从荣兵射之，

---

① 刘赞为秦王从荣傅，从容讽谏，率以正道。从荣死，长流岚州，寻赦还死。王居敏、刘陟、高辇，本史未详。
② 天津桥，在今河南洛阳市区。景，通"影"。
③ 胡床，施转关以交足，穿绳绦以容坐，转缩须臾，重不数斤。又名绳床。
④ 朱弘实以诛从荣功自负，与康义诚有隙。及从珂反，弘实谓宜固守，与义诚争于帝前，见杀。
⑤ 安从益，本史无传。

从益稍却①。弘实骑兵五百自左掖门出，方渡河，而后军来者甚众，从荣乃走归河南府。其判官任赞已下皆走出定鼎门，牙兵劫嘉善坊而溃。从荣夫妻匿床下，从益杀之。

明宗闻从荣已死，悲咽几堕于榻，绝而苏②者再。冯道③率百寮④入见，明宗曰："吾家事若此，惭见群臣！"君臣相顾，泣下沾襟。

从荣二子尚幼，皆从死。后六日而明宗崩。

---

① 却，退。
② 绝而苏，死而复生。
③ 冯道，详《杂传》。
④ 寮，亦作"僚"。同官曰寮，谓同斋署治事者。

晋家人传

高祖皇后李氏

高祖皇后李氏，唐明宗皇帝女也。后初号永宁公主，清泰①二年，封魏国长公主②。

自废帝立，常疑高祖必反。三年，公主自太原入朝千春节③，辞归，留之不得。废帝醉，语公主曰："尔归何速！欲与石郎反耶！"既醒，左右告之，废帝大悔。公主归，以语高祖，高祖由是益不自安。

---

① 清泰，唐废帝年号。
② 按，《五代会要》："明宗长女永宁公主，降晋高祖，天成三年四月封。至长兴四年正月，改封魏国公主。清泰二年三月追封晋国长公主。"此传云封魏国，误。
③ 按，《五代会要》：废帝正月二十三日生，以其日为千春节。

高祖即位，公主当为皇后。天福二年三月，有司言："皇太妃尊号已正，请上宝册。"太妃，高祖庶母刘氏也。高祖以宗庙未立，谦抑未皇。七年夏五月，高祖已病，乃诏尊太妃为皇太后，然卒不奉册而高祖崩，故后讫高祖世亦无册命。出帝天福八年七月，册尊皇后为皇太后。

太后为人强敏，高祖常严惮之。出帝冯皇后[①]用事，太后数训戒之。出帝不从，乃及于败。

开运[②]三年十二月，耶律德光已降晋兵，遣张彦泽[③]先犯京师，以书遗太后，具道已降晋军，且曰："吾有梳头妮子，窃一药囊以奔于晋，今皆在否？吾战阳城[④]时，亡奚车一乘[⑤]，在否？"又问契

---

① 冯皇后，定州人，父濛。初嫁高祖弟重胤（高祖爱之，养以为子），重胤早卒，后寡居有色，出帝悦之。高祖崩，帝居丧中纳之，与后酣饮歌舞，过梓宫前，酹而告曰："皇太后之命，与先帝不任大庆。"左右皆失笑，帝亦自绝倒。顾谓左右曰："我今日作新女婿，何似生？"后与左右皆大笑，声闻于外。后既立，专内宠，与其兄玉内外用事，晋遂以乱。余见本传。
② 开运，出帝年号。
③ 张彦泽，详《杂传》。
④ 阳城，在今河南登封市东南。
⑤ 奚，东胡种，当今河北之承德、滦平、丰宁、平泉等地。乘，车，一车四马。一乘，犹俗言一辆。

60

丹先为晋获者及景延广、桑维翰①等所在。

太后与帝闻彦泽至,欲自焚,嬖臣薛超劝止之。及得德光所与书,乃灭火出上苑中。帝召当直学士范质②,谓曰:"杜郎③一何相负!昔先帝起太原时,欲择一子留守,谋之北朝皇帝④,皇帝以属我,我素以为其所知。卿为我草奏具言之,庶几活我子母。"

质为帝草降表曰:"孙男臣重贵言:顷者唐运⑤告终,中原失驭⑥,数穷否⑦极,天缺地倾。先人有田一成,有众一旅⑧,兵连祸结,力屈势孤。翁皇帝救患摧刚,兴利除害,躬擐甲胄,深入寇场。犯

---

① 景延广、桑维翰,详《晋臣传》。
② 范质,宗城人,字文素,后唐进士。历仕晋、汉、周、宋。宋太祖时,为枢密使,加侍中,封鲁国公。质性卞急,好面折人,以廉介自持。所得禄赐,多给孤遗。有集及《五代通录》《邕管记》。
③ 杜郎,谓杜重威。详后"杜重威"注。
④ 北朝皇帝,谓耶律德光。
⑤ 运,运祚。
⑥ 驭,使马。凡节制之皆曰驭。
⑦ 天地交谓之泰,天地不交谓之否。按:否、泰乃二卦名,故言运数之穷通曰否泰。
⑧ 夏少康有田一成,有众一旅,与旧臣灭寒浞中兴。按:方十里为成,五百人为旅,言地小兵少。

61

露蒙霜，度雁门①之险；驰风击②电，行中冀③之诛。黄钺一麾④，天下大定，势凌宇宙，义感神明，功成不居，遂兴晋祚，则翁皇帝有大造⑤于石氏也！旋属天降鞠凶⑥，先君即世⑦，臣遵承遗旨，纂绍前基。谅闇⑧之初，荒迷失次，凡有军国重事，皆委将相大臣。至于擅继宗祧⑨，既非禀命；轻发文字，辄敢抗尊。自启衅端，果贻赫怒⑩，祸至神惑，运尽天

① 雁门，山名，今山西代县西北，亦曰陉岭。山南曰陉南，北曰陉北。山岩峭拔，中有路盘旋崎岖，绝顶置关，名曰雁门，自古为戍守重地。
② 击，疑为"掣"字之误。
③ 按，"中冀"无连用成词之例，唯《淮南子·地形训》有云："正中冀州曰中土。"高诱注："冀，大也。"是"中冀"殆指"中土"。或当时即用为汴梁之代名词。校订者按：中冀，古谓涿鹿之野，相传黄帝斩蚩尤于此。此指戡定叛乱。
④ 钺，斧。以黄金为饰，天子之仪仗。麾，与"挥"同义，以手指麾。
⑤ 大造，犹大功。
⑥ 鞠，多。鞠凶，亦作"鞠讻"。
⑦ 即世，犹去世。
⑧ 谅闇，亦作"亮阴"，天子居丧之称。其说有三。郑玄曰：谅，薄也；闇，庐也。谅有不善之意，故凶庐称谅闇。孔安国曰：谅，信也；闇，默也。谓信任冢宰，默而不言也。杜预曰：谓既葬除丧服，三年不言也。校订者按：《礼记·丧服四制》："高宗谅闇，三年不言。"本指居丧时所居简陋茅庐。后指天子居丧。
⑨ 远庙为祧。宗祧，犹言宗庙。
⑩ 赫，大。"轻发文字"至"果贻赫怒"，可参看《景延广传》。

亡。十万师徒，望风束手；亿兆黎庶①，延颈归心。臣负义包羞，贪生忍耻，自贻颠覆，上累祖宗，偷度朝昏，苟存视息。翁皇帝若惠顾畴昔②，稍霁雷霆③，未赐灵诛，不绝先祀，则百口荷更生之德，一门衔无报之恩，虽所愿焉，非敢望也。臣与太后、妻冯氏于郊野面缚④俟罪次。"

又为太后表曰："晋室皇太后新妇李氏妾言：张彦泽、傅住儿⑤等至，伏蒙皇帝阿翁降书安抚者。妾伏念先皇帝顷在并、汾⑥，适逢屯难⑦；危同累卵，急若倒悬；智勇俱穷，朝夕不保。皇帝阿翁发至冀⑧北，亲抵河东⑨；跋履⑩山川，逾越险阻⑪；立平巨

---

① 时杜重威等领兵拒契丹，不战而降。黎，众，黑。庶，义亦为众。黎庶，谓人民。或言黎即黔首之义。
② 畴，曩。畴昔，犹言前日。
③ 霁，怒气消释。霆，疾雷。雷霆，喻盛怒。
④ 面缚，谓缚手于背而面向前。或谓面即背，面缚，谓反背而缚之。
⑤ 傅住儿，见《张彦泽传》。
⑥ 并，在今山西太原市。汾，在今山西汾阳市。
⑦ 屯，难。屯难，谓困苦颠连。又祸乱之事亦曰屯难。
⑧ 冀，在今河北衡水市冀州区。
⑨ 黄河经流山西西境成南北线，在黄河以东之地，统称河东。
⑩ 草行曰跋履，践。
⑪ 山隔曰险，水隔曰阻。

孽，遂定中原；救石氏之覆亡，立晋朝之社稷。不幸先帝厌代，嗣子承祧；不能继好息民，而反亏恩辜义。兵戈屡动，驷马难追^①；咎实自贻，咎将谁执！今穹旻^②震怒，中外携离^③；上将牵羊^④，六师解甲^⑤。妾举宗负衅^⑥，视景偷生；惶惑之中，抚问斯至；明宣恩旨，曲示含容；慰谕丁宁^⑦，神爽飞越。岂谓已垂之命，忽蒙更生之恩。省罪责躬，九死未报。今遣孙男延煦、延宝^⑧，奉表请罪，陈谢以闻。"德光报曰："可无忧，管取一吃饭处！"

四年正月丁亥朔，德光入京师，帝与太后肩舆至郊外，德光不见，馆于封禅寺，遣其将崔延勋以兵守之。

其时雨雪寒冻，皆苦饥。太后使人谓寺僧曰："吾尝于此饭僧数万，今日岂不相悯耶？"寺僧辞

---

① 四马曰驷。驷马难追，言追悔无及。
② 穹，高，大。旻，秋天。穹旻，谓天，以喻契丹。
③ 携，离。离，分散。携离，谓有二心。
④ 牵羊，谓迎降。
⑤ 解甲，谓不战。
⑥ 负衅，负罪，获罪。
⑦ 丁宁，再三告语。
⑧ 延煦、延宝，皆高祖诸孙，出帝以为子。从出帝北迁，不知所终。

以虏意难测，不敢献食。帝阴祈守者，乃稍得食。

辛卯，德光降帝为光禄大夫、检校太尉①，封负义侯，迁于黄龙府②。

德光使人谓太后曰："吾闻重贵不从母教，而至于此，可求自便，勿与俱行。"太后答曰："重贵事妾甚谨。所失者，违先君之志，绝两国之欢。然重贵此去，幸蒙大惠，全生保家，母不随子，欲何所归？"于是太后与冯皇后，皇弟重睿，皇子延煦、延宝等举族从帝而北，以宫女五十、宦者三十、东西班五十、医官一、控鹤官四、御③厨七、茶酒司三、仪鸾司三、六军士二十人从，卫以骑兵三百。所经州县，皆故晋将吏，有所供馈，不得通；路旁父老争持羊酒为献，卫兵推隔不使见帝，皆涕泣而去。

---

① 光禄卿，秦时有郎中令，掌宫殿掖门户，汉改光禄勋。北齐曰光禄寺，唐以后始专为司膳之官。光禄大夫，隋、唐以后为散官，分三等：光禄大夫，从二品；其次曰金紫光禄大夫；再次曰银青光禄大夫。清光禄大夫为正一品文官阶。太尉，掌兵官，尊与丞相等，位三公首。
② 黄龙府，今辽宁开原以北，及吉林全境、内蒙古东北境，皆其辖地。府治有二：一即今吉林农安县，一即黑龙江宁安市南之东京城，俗称贺龙城。
③ 御，对天子之敬称。

自幽州①行十余日,过平州②,出榆关③,行砂碛中,饥不得食,遣宫女、从官采木实、野蔬而食。又行七八日,至锦州④,虏人迫帝与太后拜阿保机⑤画像。帝不胜其辱,泣而呼曰:"薛超误我,不令我死!"又行五六日,过海北州⑥,至东丹王⑦墓,遣延煦拜之。又行十余日,渡辽水⑧,至渤海国铁州⑨。又行七八日,过南海府⑩,遂至黄龙府。

是岁六月,契丹国母徙帝、太后于怀密州⑪。州去黄龙府西北一千五百里。行过辽阳⑫二百里,而国母为永康王⑬所囚。永康王遣帝、太后还止辽阳,

---

① 幽州,在今北京市大兴区西南。
② 平州,在今河北昌黎县。
③ 榆关,今山海关,在今河北秦皇岛市山海关区。
④ 锦州,今辽宁锦州市。
⑤ 阿保机,耶律德光父。
⑥ 海北州,在今辽宁海城市。
⑦ 东丹王,突欲。
⑧ 辽水,今辽宁省辽河。
⑨ 铁州,在今辽宁盖州市东北。
⑩ 南海府,约在今辽宁南境。
⑪ 怀密州,约在今内蒙古境。
⑫ 辽阳,今辽宁辽阳市。
⑬ 永康王,东丹王突欲(李赞华)子,名兀欲。

稍供给之。

明年四月，永康王至辽阳，帝白衣纱帽，与太后、皇后诣帐中上谒，永康王止帝以常服见。帝伏地雨泣，自陈过咎。永康王使人扶起之，与坐，饮酒奏乐。而永康王帐下伶人、从官望见故主，皆泣下，悲不自胜，争以衣服药饵为遗。

五月，永康王上陉，取帝所从行宦者十五人、东西班十五人，及皇子延煦而去。永康王妻兄禅奴爱帝小女，求之，帝辞以尚幼。永康王驰一骑取之，以赐禅奴。

陉，虏地，尤高凉，虏人常以五月上陉避暑，八月下陉。至八月，永康王下陉，太后自驰至霸州①见永康王，求于汉儿城②侧赐地种牧以为生。永康王以太后自从，行十余日，遣与延煦俱还辽阳。

明年乃汉乾祐③二年，其二月，徙帝、太后于建州④。自辽阳东南行⑤千二百里至建州，节度使赵

---

① 霸州，按当在辽宁中部。
② 汉儿城，按当在辽宁中部。
③ 乾祐，汉隐帝年号。
④ 建州，今辽宁朝阳市。
⑤ 东南行，疑是"西南行"之误。

延晖避正寝①以馆之。去建州数十里外,得地五十余顷,帝遣从行者耕而食之。

明年三月,太后寝疾,无医药,常仰天而泣,南望戟手骂杜重威、李守贞②等曰:"使死者无知,则已;若其有知,不赦尔于地下!"八月疾亟,谓帝曰:"我死,焚其骨送范阳③佛寺,无使我为虏地鬼也!"遂卒。帝与皇后、宫人、宦者、东西班皆被发徒跣④,扶舁⑤其柩至赐地,焚其骨,穿⑥地而葬焉。

周显德⑦中,有中国人自契丹亡⑧归者,言见帝与皇后诸子皆无恙,后不知其所终。

---

① 正寝,路寝。今谓居室之正屋曰正寝。
② 戟手,以手指人,形如戟。怒骂时之状。杜重威,尚晋高祖女,积功至节度使。无行,不知将略。在镇州,重敛其民,户口凋敝。后率晋军十万降契丹,遣还邺。后降汉高祖。高祖崩,大臣共杀之。李守贞,晋高祖镇河阳时为客将,累功拜同平章事,旋降契丹。汉高祖入京师,拜太保、河中节度使。及杜重威被诛,不自安,乃反。寻败,自焚死。
③ 范阳,在今河北涿州市。
④ 跣,不着履以足亲地。徒跣,谓徒步赤足。
⑤ 舁,yú,共举。
⑥ 穿,穴。
⑦ 显德,周世宗年号。
⑧ 亡,逃。

汉家人传

高祖皇后李氏

高祖皇后李氏,晋阳①人也。其父为农,高祖少为军卒,牧马晋阳,夜入其家劫取之。高祖已贵,封魏国夫人,生隐帝②。

开运四年,高祖起兵太原,赏军士,帑藏③不足充,欲敛于民。后谏曰:"方今起事,号为义兵,民未知惠而先夺其财,殆非新天子所以救民之意也。今后宫所有,请悉出之。虽其不足,士亦不以为怨也。"高祖为改容谢之。

高祖即位,立为皇后。高祖崩,隐帝册尊为皇

---

① 晋阳,今山西太原市。
② 隐帝,高祖子承祐。后为郭允明所弑。
③ 帑,tǎng,金币所藏之府。帑藏,谓府库贮财货之地。

太后。

帝年少,数与小人郭允明、后赞、李业①等游戏宫中,后数切责之。帝曰:"国家之事,外有朝廷,非太后所宜言也。"太常卿张昭②闻之,上疏③谏帝,请亲近师傅,延问正人,以开聪明。帝益不省。其后帝卒与允明等谋议,遂至于亡。

初,帝与允明等谋诛杨邠、史弘肇④等,议已定,入白太后。太后曰:"此大事也,当与宰相议之。"李业从旁对曰:"先皇帝平生言:'朝廷大事,勿问书生。'"太后深以为不可。帝拂衣而去,曰:"何必谋于闺门!"邠等死,周太祖⑤起兵向京师,

---

① 郭允明,少为汉高祖厮养,隐帝狎爱之。及隐帝败,乃弑帝自杀死。后赞,其母为倡,善讴歌,隐帝尤爱幸之。及帝败,乃奔兖州,为慕容彦超执送京师,枭首于市。李业,高祖李皇后之弟,用事无顾惮。隐帝败,业取内库金宝怀之以奔,为人所杀。
② 张昭,本史无传。
③ 疏,条陈,为章奏之通称。
④ 杨邠,冠氏人。官至中书侍郎兼吏部尚书、同平章事。邠出于小吏,不喜文士,虽长吏事,不知大体,后为郭允明等所构杀。史弘肇,详《汉臣传》。
⑤ 周太祖,郭威。本常氏子,幼随母适郭姓,因冒其姓。少贱,黥颈为飞雀,世目为"郭雀儿"。弑隐帝自立。在位三年崩。

慕容彦超败于刘子陂^①。帝欲出自临兵，太后止之曰："郭威本吾家人，非其危疑，何肯至此！今若按兵无动，以诏谕威，威必有说；则君臣之际，庶几尚全。"帝不从以出，遂及于难。

周太祖入京师，举事皆称太后诰。已而议立湘阴公赟^②为天子，赟未至，太祖乃请太后临朝。已而太祖出征契丹，军士拥之以还。太祖请事太后为母，太后诰曰："侍中^③功烈崇高，德声昭著；剪除祸乱，安定家邦；讴歌有归，历数攸属。所以军民推戴，亿兆同欢。老身未终残年，属此多难；惟以衰朽，托于始终；载省来笺，如母见待；感念深意，涕泗横流！"于是迁后于太平宫，上尊号曰昭圣皇太后。显德元年春，崩。

---

① 慕容彦超，刘皓弟。尝冒姓阎氏，黑色胡髯，号"阎昆仑"。后为周太祖所败，夫妇皆投井死。刘子陂，未详。
② 赟，yūn。刘赟，崇子，高祖爱之，以为己子。乾祐初，拜徐州节度使。隐帝遇弑，群臣议立赟。赟行至宋州，太祖自澶州为兵士拥还京师，封赟湘阴公，幽死。
③ 侍中，官名。汉以侍中为加官，分掌乘舆服物；魏晋以后，为门下省之长官。此指周太祖。

周家人传

柴守礼

周太祖圣穆皇后柴氏无子，养后兄守礼之子以为子，是为世宗①。

守礼字克让，以后族拜银青光禄大夫、检校吏部尚书②兼御史大夫。世宗即位，加金紫光禄大夫、检校司空、光禄卿。致仕，居于洛阳，终世宗之世，未尝至京师，而左右亦莫敢言，第以元舅③

---

① 世宗，柴荣。通书史。即位后，励精图治，取秦、陇，平淮右，复三关，威武之声，震慑夷夏。延儒学文章之士，考制度，修通礼，定正乐，议刑统，皆可法于后世。时中国乏钱，废天下佛寺三千三百三十六，诏悉毁天下铜佛像以铸钱。在位六年崩。
② 吏部，旧制六部之一，掌中外文职、诠叙、勋阶、黜陟之政。吏部尚书，吏部长官。
③ 天子之舅曰元舅。

礼之。

而守礼亦颇恣横，尝杀人于市。有司以闻，世宗不问。

是时王溥、王晏、王彦超、韩令坤①等同时将相，皆有父在洛阳，与守礼朝夕往来，惟意所为，洛阳人多畏避之，号"十阿父"。

守礼卒，年七十二，官至太傅②。

呜呼，父子之恩至矣！孟子言：舜为天子，而瞽叟杀人，则弃天下，窃负之而逃③。以谓天下可无舜，不可无至公；舜可弃天下，不可刑其父。此为世立言之说也。

---

① 王溥，琅邪人。家贫不得仕，乃于洛阳佣书。溥美容貌，又善文辞，来僦其书者，男赠衣冠，女遗珠玉，一日之中，衣宝盈车，洛阳称为"富笔"。后以一亿输官，得中垒校尉。王晏，少壮勇无赖，尝为盗。同光中，应募，隶禁军。历晋、汉，拜节度使。入周，封韩国公、安远节度使。王彦超，临清人。性温和恭谨，能礼士。历任晋、汉、周，累官河阳三城节度使。宋初，加中书令，封邠国公。韩令坤，武安人。有才略，识治道。从世宗征淮南有功，加检校太尉、侍卫马步军都虞候，防守北边。宋初，移领天平军，改成德军，将之镇而卒。
② 太傅，为三公之一，傅相天子，位次太师。
③ 见《孟子·尽心上》。

然事固有不得如其意者多矣。盖天子有宗庙社稷之重、百官之卫、朝廷之严，其不幸有不得窃而逃，则如之何而可？予读《周史》，见守礼杀人，世宗寝而不问，盖进任天下重矣，而子于其父亦至矣，故宁受屈法之过，以申父子之道，其所以合于义者，盖知权①也。

君子之于事，择其轻重而处之耳。失刑轻，不孝重也。刑者所以禁人为非，孝者所以教人为善，其意一也。孰为重？刑一人，未必能使天下无杀人；而杀其父，灭天性②而绝人道。孰为重？权其所谓轻重者，则天下虽不能弃，而父亦不可刑也。然则为舜与世宗者，宜如何无使瞽瞍、守礼至于杀人，则可谓孝矣！然而有不得如其意，则择其轻重而处之焉。世宗之知权，明矣夫！

---

① 道之常者曰经，反经合道曰权。
② 天性，天然之性质。

梁臣传

呜呼！孟子谓"春秋无义战"[①]，予亦以谓五代无全臣[②]。无者，非无一人，盖仅有之耳，余得死节之士三人焉[③]。

其仕不及于二代者，各以其国系之，作梁、

---

① 见《孟子·尽心下》。
② 全，完，具。全臣，谓其臣节无丝毫可议处。
③ 三人，谓王彦章、裴约、刘仁赡。王彦章，详《死节传》。裴约，潞州之牙将。庄宗时，李嗣昭为昭义军节度使，约以裨将守泽州。嗣昭死，其子继韬叛降梁。约召州人泣谕之曰："吾事故使二十余年，见其分财飨士，欲报梁仇，不幸早世；今郎君父丧未葬，违背君亲，吾能死于此，不能从以归梁也。"梁遣董璋率兵围之，约求救于庄宗。兵未至而城破，被杀。刘仁赡，字守惠，彭城人。为李景将。周师征淮，仁赡镇寿州，世宗攻之，凡数月不下。明年，世宗复至淮上，南唐诸将，或降或走，李景亦奉表称臣，愿割地输供赋，仁赡独坚守。其子崇谏幸其病，谋于诸将出降，仁赡立斩之。后病不知人，其副使孙羽开城降，仁赡亦于是日病卒。

唐、晋、汉、周臣传；其余仕非一代，不可以国系之者，作《杂传》。

夫入于《杂》，诚君子之所羞，而一代之臣未必皆可贵也。览者详其善恶焉。

敬翔

敬翔，字子振，同州冯翊①人也，自言唐平阳王晖之后。少好学，工书檄。乾符②中，举进士不中，乃客大梁。翔同里人王发为汴州观察支使③，遂往依焉。

久之，发无所荐引，翔客益窘，为人作笺刺④，传之军中。太祖素不知书，翔所作皆俚俗语，太祖爱之，谓发曰："闻君有故人，可与俱来！"翔见太祖，太祖问曰："闻子读《春秋》，《春秋》所记何等事？"翔曰："诸侯争战之事耳。"太祖曰："其用兵之法，可以为吾用乎？"翔曰："兵者，应

---

① 同州，在今陕西大荔县。冯翊，亦在今大荔县。
② 乾符，唐僖宗年号。
③ 观察支使，节度使之属官。
④ 笺，信札。书姓名于笺曰刺。

变出奇以取胜。《春秋》古法，不可用于今。"太祖大喜，补以军职，非其所好，乃以为馆驿巡官①。

太祖与蔡②人战汴郊，翔时时为太祖谋画，多中。太祖欣然，以谓得翔之晚，动静辄以问之。

太祖奉昭宗自岐还长安③，昭宗召翔与李振④升延喜楼劳之，拜翔太府卿⑤。

初，太祖常侍殿上，昭宗意卫兵有能擒之者，乃佯为鞋结解，以顾太祖。太祖跪而结之，而左右无敢动者。太祖流汗浃背，由此稀复进见。昭宗迁洛阳，宴崇勋殿，酒半，起，使人召太祖入内殿，将有所托。太祖益惧，辞以疾。昭宗曰："卿不欲来，可使敬翔来！"太祖遽麾翔出，亦佯醉去。

太祖已破赵匡凝⑥，取荆、襄⑦，遂攻淮南。翔

---

① 唐时，节度、观察、团练、防御诸使各有巡官以为僚属，位居判官、推官之次。
② 蔡，五代时为州，今河南信阳市。
③ 岐，五代时为州，今阙，约当今陕西凤翔县。长安，在今陕西西安市城区。
④ 李振，详《杂传》。
⑤ 太府卿，官名，掌帑藏财物。
⑥ 赵匡凝，德谭子。袭父爵为襄州留后，以威惠闻。为梁太祖所败，奔杨行密，后为徐温所杀。
⑦ 荆，五代时为州，今湖北荆州市。襄，五代时为州，今湖北襄阳市。

切谏，以谓新胜之兵宜持重以养威。太祖不听。兵出光州①，遭大雨，几不得进。进攻寿州②，不克，而多所亡失，太祖始大悔恨。归而忿躁，杀唐大臣几尽③，然益以翔为可信任。

梁之篡弑，翔之谋为多。太祖即位，以唐枢密院故用宦者，乃改为崇政院，以翔为使，迁兵部尚书、金銮殿大学士④。

翔为人深沉有大略，从太祖用兵三十余年，细大之务必关之。翔亦尽心勤劳，昼夜不寐，自言惟马上乃得休息。而太祖刚暴难近，有所不可，翔亦未尝显言，微开其端；太祖意悟，多为之改易。

---

① 光州，在今河南光山县。
② 寿州，在今安徽寿县。
③ 太祖兄存子友伦，击鞠坠马死。太祖以为崔胤等杀之，大怒，乃遣友谅至京师，以兵围开化坊，杀宰相崔胤、京兆尹郑元规、皇城使王建勋、飞龙使陈班、合门使王建袭、客省使王建义、前左仆射张濬。
④ 按，《五代会要》："梁开平三年正月，改思政殿为金銮殿。至乾化元年五月，置大学士一员，始命崇政院使敬翔为之。"注："前朝因金銮城以为门名，与翰林院相接，故为学士者称金銮以美之。今以金銮为名，非典也。大学士与三馆学士同。"

梁臣传

太祖破徐州，得时溥宠姬①刘氏，爱幸之，刘氏故尚让②妻也，乃以妻翔③。翔已贵，刘氏犹侍太祖，出入卧内如平时。翔颇患之。刘氏诮翔曰："尔以我尝失身于贼乎？尚让，黄家宰相；时溥，国之忠臣。以卿门地，犹为辱我。请从此决矣！"翔以太祖故，谢而止之。刘氏车服骄侈，别置典谒④，交结藩镇⑤，权贵⑥往往附之，宠信言事，不下于翔。当时贵家，往往效之。

太祖崩，友珪立，以翔先帝谋臣，惧其图己，不欲翔居内职，乃以李振代翔为崇政使，拜翔中书侍郎、同中书门下平章事。翔以友珪畏己，多称疾，未尝省事。

末帝即位，赵岩等用事，颇离间旧臣，翔愈

---

① 时溥，僖宗时为武宁节度使。大破黄巢，斩之，叙功第一，进同平章事，封钜鹿郡王。昭宗时，为朱全忠所攻，徙金玉与妻子登燕子楼，自焚死。姬，众妾总称。宠姬，谓得宠之妾。
② 尚让，黄巢将。
③ 妻，以女嫁人。此言以刘氏嫁翔。
④ 典谒，主宾客告请之事者。
⑤ 藩镇，谓节度使。
⑥ 权贵，居高位而有权势者。

郁郁不得志。其后梁尽失河北，与晋相拒杨刘①，翔曰："故时河朔半在，以先帝之武，御貔虎之臣②，犹不得志于晋；今晋日益强，梁日益削，陛下处深宫之中，所与计事者，非其近习，则皆亲戚之私，而望成事乎？臣闻晋攻杨刘，李亚子③负薪渡水，为士卒先；陛下委蛇④守文，以儒雅自喜，而遣贺瑰⑤为将，岂足当彼之余锋乎？臣虽惫矣，受国恩深，若其乏材，愿得自效。"岩等以翔为怨言，遂不用。

其后，王彦章败于中都⑥，末帝惧，召段凝⑦于河上。是时梁精兵悉在凝军，凝有异志，顾望不来。末帝遽呼翔曰："朕居常忽卿言，今急矣，勿以为憝。卿其教我当安归？"翔曰："臣从先帝三十余年，今虽为相，实朱氏老奴尔，事陛下如

---

① 杨刘，在山东东阿县北。旧有城，临河津，五代时为梁晋交兵要地。
② 貔，pí。貔虎，皆猛兽名。貔虎之臣，言其将勇猛如貔虎。
③ 亚子，亦曰亚次，唐庄宗小字。
④ 委蛇，wēi yí，从容自得之貌。
⑤ 贺瑰，濮州人，字光远。初事朱宣，后降梁，官至宣义军节度使。后为招讨使，拒晋师，卒于军。
⑥ 王彦章，详《死节传》。中都，在今山东汶上县。
⑦ 段凝，开封人。事梁为怀州刺史，末帝以为招讨使。梁亡，降唐，赐姓名曰李绍钦，授兖州节度使。明宗立，窜辽州，赐死。

郎君；以臣之心，敢有所隐？陛下初用段凝，臣已争之；今凝不来，敌势已迫，欲为陛下谋，则小人间①之，必不见听。请先死，不忍见宗庙之亡！"君臣相向恸哭。

翔与李振俱为太祖所信任。庄宗入汴，诏赦梁群臣。李振喜谓翔曰："有诏洗涤，将朝新君。"邀翔欲俱入见。翔夜止高头车坊，将旦，左右报曰："崇政李公入朝矣！"翔叹曰："李振谬为丈夫矣！复何面目入梁建国门乎？"乃自经而卒。

寇彦卿

寇彦卿，字俊臣，开封人也。世事宣武军为牙将。太祖初就镇，以为通引官，累迁右长直都指挥使，领洺州②刺史。

罗绍威③将诛牙军，太祖遣彦卿之魏计事。彦卿阴为绍威计画，乃悉诛牙军。

---

① 间，jiàn，离间。
② 洺州，北周置，故城在今河北邯郸市永年区东南广府镇。
③ 罗绍威，弘信子，字端己。弘信死，领留后，封邺王，倾心太祖，在镇凡十七年，累拜太师兼中书令，卒谥贞壮。

彦卿身长八尺，隆准①方面，语音如钟。工骑射，好书史。善伺太祖意，动作皆如旨。太祖尝曰："敬翔、刘捍②、寇彦卿，皆天为我生之。"其爱之如此。赐以所乘爱马"一丈乌"。太祖围凤翔，以彦卿为都排阵使③。彦卿乘乌驰突阵前，太祖目之曰："真神将也！"

初，太祖与崔胤谋，欲迁都洛阳，而昭宗不许。其后昭宗奔于凤翔，太祖以兵围之。昭宗既出，明年，太祖以兵至河中，遣彦卿奉表迫请迁都。彦卿因悉驱徙长安居人以东，皆拆屋为筏，浮渭④而下，道路号哭，仰天大骂曰："国贼崔胤、朱温使我至此！"昭宗亦顾瞻陵庙，傍徨不忍去，谓其左右为俚语云："纥干山⑤头冻死雀，何不飞去生

---

① 准，鼻。隆准，高鼻。校订者按："准"指鼻来自相术。相术认为鼻为面部之中央，面正与否，以鼻为准，故以"准"称鼻。
② 刘捍，开封人。初为梁太祖客将。太祖即位，为佑国军留后。刘知俊反，执送李茂贞杀之。
③ 排阵使，前敌冲锋陷阵之官。
④ 渭，水名。源出甘肃渭源县西北鸟鼠山，东南流，至清水县，入陕西境，经宝鸡、西安，东北流，至大荔，东流，至潼关，入黄河。
⑤ 纥干山，一名纥真山，在今山西大同县东。《寰宇记》：其山夏恒积雪，故土人有"山头冻死雀"之语。

处乐！"相与泣下沾襟。昭宗行至华州①，遣人告太祖以何皇后有娠，愿留华州待冬而行。太祖大怒，顾彦卿曰："汝往趣官家来，不可一日留也！"彦卿复驰至华，即日迫昭宗上道。

太祖即位，拜彦卿感化军②节度使。岁余，召为左金吾③卫大将军，充金吾街仗使。彦卿晨朝，至天津桥，民梁现不避道，前驱捽④现投桥上石栏以死。彦卿见太祖自首⑤，太祖惜之，诏彦卿以钱偿现家以赎罪。御史司宪崔沂劾奏彦卿，请论如法。太祖不得已，责授彦卿左卫中郎将，复拜相州防御使⑥，迁河阳节度使。

太祖遇弑，彦卿出太祖画像，事之如生。尝对

---

① 华州，即秦郑县，西魏改华州，民国改县，即今陕西渭南市华州区。
② 感化军，治华州，详前注。
③ 吾，御；金，金革。金吾，官名，掌徼循京师，卫护天子，执掌金革，以御非常，即禁卫军。
④ 捽，zuó，揪住。
⑤ 自首，法律名词。犯罪者于犯罪之事实尚未发觉以前，而自述其所犯之事于官，曰自首。
⑥ 防御使，官名，位在团练使之下，凡大郡要害之地，置之以治军事。

客语先朝，必涕泗交下。末帝即位，徙镇威胜①。

彦卿明敏善事人，而怙宠作威，好诛杀，多猜忌。卒于镇，年五十七。

刘郭

刘郭，密州安丘②人也。少事青州③王敬武。敬武卒，子师范④立，棣州⑤刺史张蟾叛。师范遣指挥使卢洪讨蟾，洪亦叛。师范伪为好辞召洪，洪至，迎于郊外，命郭斩之坐上；因使郭攻张蟾，破之。师范表郭登州⑥刺史，以为行军司马⑦。

梁太祖西攻凤翔，师范乘梁虚，阴遣人分袭梁诸州县。它遣者谋多漏泄，事不成；独郭素好兵书，有机略。是时，梁已破朱瑾等，悉有兖、

---

① 威胜，军名，治邓州。即今河南南阳市宛城、卧龙二区。
② 密州，在今山东诸城市。安丘，今山东安丘市。
③ 青州，即今山东青州市。
④ 王师范为青州留后。梁遣朱友宁攻之，师范击败之，并杀友宁。后降梁，为友宁妻所诉，族诛。
⑤ 棣州，在今山东惠民县南。
⑥ 登州，在今山东蓬莱市。
⑦ 行军司马，官名。为节度使之属官，掌申习法令，其任甚重。

郓,以葛从周①为兖州节度使。从周将兵在外,郭乃使人负油鬻②城中,悉视城中虚实出入之所。油者得罗城下水窦③可入,郭乃以步兵五百从水窦袭破之,徙从周家属外第,亲拜其母,抚之甚有恩礼。

太祖已出昭宗于凤翔,引兵东还,遣朱友宁④攻师范,从周攻郓。郭以版舆⑤置从周母城上。母呼从周曰:"刘将军待我甚厚,无异于汝。人臣各为其主,汝可察之!"从周为之缓攻。郭乃悉简妇人及民之老疾不足当敌者出之,独与少壮者同辛苦,分衣食,坚守以待。

外援不至,人心颇离。副使王彦温逾城而奔,

---

① 葛从周,鄄城人,字通美。为梁大将,因功表为兖州留后。略地山东,五日而下洺、邢、磁三州。后败刘仁恭于魏,拜泰宁节度使。末帝时,封陈留郡王,卒。
② 鬻,yù,卖。
③ 窦,dòu,孔穴。水窦,即水洞。
④ 朱友宁,存子,字安仁。太祖以为军校,善用弓剑,以攻师范有功,拜建武军节度使。后又攻师范,战于石楼,兵败堕马见杀。太祖即位,追封安王。
⑤ 版,通"板"。舆,yú,轿。版舆,以木板制造之轿。在官者迎养其亲用之。

守陴^①者多逸。郭乃遣人阳语彦温曰:"副使勿多以人出;非吾素遣者,皆勿以行。"又下令城中曰:"吾遣从副使者得出,否者皆族^②。"城中皆惑,奔者乃止。已而梁兵闻之,果疑彦温非实降者,斩之城下。由是城守益坚。

师范兵已屈,从周以祸福谕郭。郭报曰:"俟吾主降,即以城还梁。"师范败,降梁,郭乃亦降。从周为具赍装^③,送郭归梁。郭曰:"降将蒙梁恩不诛,幸矣;敢乘马而衣裘乎?"乃素服乘驴归梁。太祖赐之冠带,饮之以酒,郭辞以量小。太祖曰:"取兖州,量何大乎?"以为元从都押衙^④。

是时,太祖已领四镇,将吏皆功臣旧人,郭一旦以降将居其上;及诸将见郭,皆用军礼。郭居自如,太祖益奇之。太祖即位,累迁左龙武统军^⑤。

---

① 陴,pí,城上女墙。
② 刑及父母妻子曰族。
③ 赍,jī,行道之财用。装,行装。
④ 衙,谓仪仗侍卫。押衙,谓管领之人。元从都押衙,官名。
⑤ 龙武,即龙虎,因避唐讳而改。禁军之名称。唐有左右龙武军,梁因之。左龙武统军,即管领左龙武军之官。

梁臣传

刘知俊①叛,陷长安,太祖遣郭与牛存节②讨之。知俊走凤翔。太祖乃以长安为永平军,拜郭节度使。末帝即位,领镇南军③节度使,为开封尹④。

杨师厚⑤卒,分相⑥、魏为两镇。末帝恐魏兵乱,遣郭以兵屯于魏县。魏兵果乱,劫贺德伦⑦降晋。庄宗入魏,郭以谓晋兵悉从庄宗赴魏,而太原可袭。乃结草为人,执以旗帜,以驴负之,往来城上。而潜军出黄泽关⑧,袭太原。晋兵望梁垒旗帜往

---

① 刘知俊,沛人,字希贤。初事时溥,后降太祖。多战功,累官检校太尉,封大彭郡王。太祖性猜忌,屡杀诸将,知俊遂叛附李茂贞。又以茂贞左右忌之,乃奔王建。建以为威信军节度使,使反攻茂贞,取秦、凤、阶、成四州。建阴忌其材,蜀人亦共嫉之,遂见杀。
② 牛存节,博昌人,字赞正。事太祖,积官至邢州团练使,元帅府左都押衙。太祖即位,拜右千牛卫上将军,迁匡国军节度使。
③ 镇南军,治洪州,今江西南昌市。
④ 按,"薛史"《末帝纪》:乾化四年,以永平军节度使、检校太傅、同平章事刘郭为开封尹,遥领镇南军节度使。则郭在永平时已为使相矣。
⑤ 杨师厚,详《梁臣传》。
⑥ 相,州名,在今河北临漳县。
⑦ 贺得伦,河西人。从太祖征伐,以功累迁平卢军节度使。贞明初,末帝以魏兵素骄难制,乃分建昭德军,以德伦为节度。效节军张彦劫德伦降晋,庄宗以为大同军节度使,后为张承业所杀。
⑧ 黄泽关,在今山西摩天岭南。

来，不知其去也，以故不追。郭至乐平①，遇雨，不克而旋②。急趋临清③，争魏积粟，而周德威④已先至。郭乃屯于莘县⑤，筑甬道⑥及河以馈⑦军。

久之，末帝以书责郭曰："阃⑧外事全付将军，河朔诸州，一旦沦没。今仓储已竭，飞挽不充⑨，将军与国同心，宜思良画！"郭报曰："晋兵甚锐，未可击，宜待之。"末帝复遣问郭必胜之策，郭曰："臣无奇术，请人给米十斛，米尽则敌破矣。"末帝大怒，诮郭曰："将军蓄米，将疗饥乎？将破敌乎？"乃遣使者监督其军。郭召诸将谋曰："主上深居禁中⑩，与白面儿谋，必败人事。今敌盛，未可

---

① 乐平，在今山西平定县。
② 旋，反，还。
③ 临清，今山东临清市。
④ 周德威，详《唐臣传》。
⑤ 莘县，即今山东莘县。
⑥ 甬道，即复道。
⑦ 馈，kuì，送食物与人。
⑧ 阃，kǔn，国门。
⑨ 运载刍粟，令其疾至，曰飞刍曰挽粟。简曰飞挽。飞挽不充，意谓粮草不足。
⑩ 天子所居曰禁中。言门户有禁，非侍御之臣不得入。

轻动，诸君以为如何？"诸将皆欲战。郭乃悉召诸将，坐之军门，人以河水一杯饮之。诸将莫测，或饮或辞，郭曰："一杯之难，犹若此；滔滔河流，可尽乎？"诸将皆失色。

是时，庄宗在魏，数以劲兵压郭营，郭不肯出；而末帝又数促郭，使出战。庄宗与诸将谋曰："刘郭学《六韬》①，喜以机变用兵，本欲示弱以袭我，今其见迫，必求速战。"乃声言归太原，使符存审②守魏，阳为西归，潜兵贝州③。郭果报末帝曰："晋王西归，魏无备，可击。"乃以兵万人攻魏城东，庄宗自贝州返趋击之。郭忽见晋军，惊曰："晋王在此耶！"兵稍却，追至故元城④。庄宗与符存审为两方阵夹之，郭为圆阵以御晋人。兵再合，

---

① 《六韬》，兵家权谋之书。谓文韬、武韬、龙韬、虎韬、豹韬、犬韬。
② 符存审，宛丘人，字德详。初名存，事李罕之，从罕之归晋，李克用以为义儿军使，赐姓李。存审为将有机略，从庄宗破梁军，走辽兵，败刘郭，大小百余战，未尝有溃败。官至宣武节度使，卒于幽州。
③ 贝州，在今河北清河县。
④ 元城，在今河北大名县。

郭大败，南奔。自黎阳①济河，保滑州。末帝以为义成军②节度使。明年，河朔皆入于晋，降郭亳州团练使。

兖州张万进③反，拜郭兖州安抚制置使④。万进败死，乃拜郭泰宁军⑤节度使。

朱友谦叛，陷同州，末帝以郭为河东道招讨使。行次陕州，郭为书以招友谦，友谦不报，留月余待之。伊皓、段凝等素恶郭，乃谮之，以为郭与友谦亲家，故其逗留以养贼。已而郭兵数败，乃罢郭归洛阳，鸩杀之⑥。年六十四，赠中书令。

子遂凝、遂雍，事唐皆为刺史。郭妾王氏有美色，郭卒后，入明宗宫中，是为王淑妃。明宗晚

---

① 黎阳，在今河南浚县东北。
② 义成军，在今河北定州市。
③ 张万进，云州人。初事刘守光，继杀守光子归晋。末帝攻之，复降梁，官至兖州节度使。贞明中，据城叛。城破，族诛。
④ 安抚制置使，官名。掌总护诸将，统治军旅，察治奸宄，以肃清一道，凡兵民之政，皆掌焉。
⑤ 泰宁军，治兖州。兖州，见前《元贞皇后张氏传》注。
⑥ 鸩，毒鸟。用其毛为酒，曰鸩酒。鸩杀之，即以鸩酒毒杀之。

年，淑妃用事，郭二子皆被恩宠[1]。

潞王从珂反于凤翔，时遂雍为西京副留守。留守王思同[2]率诸镇兵讨凤翔，战败东归，遂雍闭门不内，悉封府库以待潞王。潞王前军至者，悉以金帛给之。潞王见遂雍，握手流涕。由是事无大小皆与图议。废帝入立，拜遂雍淄州[3]刺史，以郭兄琪之子遂清代遂雍为西京副留守。

遂清历易[4]、棣等五州刺史，皆有善政。迁凤州[5]防御使、宣徽北院使，判三司。晋开运中，为安州[6]防御使以卒。

遂清性至孝，居父丧，哀毁[7]，乡里称之。尝为淄州刺史，迎其母。母及郊，遂清为母执辔，行数十里，州人咸以为荣。

---

[1] 按，《廿二史考异》云："若依刘知几点烦之例，稍异其文云：'明宗晚年，王淑妃用事，郭故妾也，故郭子皆被宠。'而其它尽芟之，则文省而其意更显矣。"
[2] 王思同，见《死事传》。
[3] 淄州，即今山东淄博市淄川区。
[4] 易，即今河北易县。
[5] 凤州，即今陕西凤县。
[6] 安州，即今河北安新县。
[7] 毁，毁灭。言居丧时，哀至，几于毁形灭性。

杨师厚

杨师厚,颍州斤沟①人也。少事河阳李罕之②,罕之降晋,选其麾下劲卒百人献于晋王,师厚在籍中。师厚在晋,无所知名。后以罪奔于梁,梁太祖以为宣武军押衙、曹州③刺史。

梁攻王师范,师厚战临朐④,擒其偏将⑤八十余人,取棣州。以功拜齐州⑥刺史。

太祖攻赵匡凝于襄阳,遣师厚为先锋。师厚取谷城⑦西童山木为浮桥,渡汉水⑧,击匡凝,败之,

---

① 颍州,后魏置,即今安徽阜阳市。斤沟,在今安徽太和县北。按,《九域志》:颍州万寿县有斤沟镇。万寿,唐汝阴县之百尺镇也,唐开宝六年置县。
② 李罕之,项城人。少学儒,后为僧,又为盗,随黄巢渡江,降于高骈,与李克用深相结。性翻覆贪冒,尝私克用将,为请一镇。克用不许,遂归太祖,为河阳节度使。
③ 曹州,在今山东菏泽市城区。
④ 临朐,今县名,汉置。属山东。
⑤ 偏将,即偏裨。
⑥ 齐州,即今山东济南市。
⑦ 谷城,今湖北谷城县。
⑧ 汉水,亦曰东汉水。源出陕西宁强县北嶓冢山,流贯汉中、安康、十堰、襄阳、荆门、武汉等市,入长江。

匡凝弃城走。师厚进攻荆南①，又走匡凝弟匡明②，功为多，拜山南东道③节度使、同中书门下平章事。

刘知俊叛，攻陷长安。刘䣝、牛存节等攻之，久不克；师厚以奇兵出，旁南山入其西门，降其守者，遂克之。晋周德威攻晋州④，以应知俊，师厚败之于蒙坑⑤。以功迁保义军⑥节度使，徙镇宣义⑦。

是时，梁兵攻赵，久无功，太祖病卧洛阳，少间，乃自将北击赵。师厚从太祖至洹水⑧，夜行，迷失道。明旦，次魏县，闻敌将至，梁兵溃乱不可止，久之，无敌，乃定。已而太祖疾作，乃还。明年，少间，而晋军攻燕。燕王刘守光⑨求援于梁，太祖为之击赵以牵晋，屯于龙花⑩。遣师厚攻枣

---

① 荆南，即今湖北西南部。
② 匡明，字赞尧。以军功历绣、峡二州刺史，为荆南留后。被逼于朱全忠，趋蜀，王建待以宾礼，用为工部尚书。
③ 山南东道，治襄州。襄州，见前《敬翔传》注。
④ 晋州，即今山西临汾市。
⑤ 蒙坑，在山西曲沃县北。
⑥ 保义军，即今河北邢台市。
⑦ 宣义，唐置，在今河南滑县。
⑧ 洹水，亦名安阳河。源出山西黎城县，至河南安阳市入卫。
⑨ 刘守光，详《杂传》。
⑩ 龙花，按当在今河北保定市境。

强^①，三月（一作日）不能下。太祖怒，自往督兵战，乃破，屠^②之，进围蓨县^③。晋史建瑭^④以轻兵夜击梁军，梁军大扰，太祖与师厚皆弃辎重^⑤而南走。太祖还东都，师厚留屯魏州。明年，太祖遇弑，友珪自立，师厚乘间杀魏牙将潘晏、臧延范等，逐出节度使罗周翰，友珪因以师厚为天雄军节度使。

自太祖与晋战河北，师厚常为招讨使，悉领梁之劲兵。太祖崩，师厚遂逐其帅，而稍矜倨^⑥难制。时魏恃牙兵，其帅得以倔强^⑦。罗绍威时，牙兵尽死，魏势孤，始为梁所制。师厚已得志，乃复置银枪效节军。友珪阴欲图之，召师厚入计事。其吏田温等劝师厚勿行，师厚曰："吾二十年不负朱家，今若不行，则见疑而生事，然吾知上为人，虽往，无如我何也。"乃以劲兵二万朝京师，留其兵城外，

---

① 枣强，在今河北枣强县东南。
② 屠，杀。破敌城，尽其民而杀之亦曰屠。
③ 蓨县，在今河北景县南。
④ 史建瑭，详《唐臣传》。
⑤ 辎重，犹言行李。军队中之器仗、粮食、营帐、服装等物，皆曰辎重。
⑥ 矜，jīn，自贤。即矜其所能以自夸大。倨，jù，倨傲不逊。
⑦ 倔，jué。倔强，不受屈抑。

以十余人自从，入见友珪。友珪益恐惧，赐与钜万而还。

已而末帝谋讨友珪，问于赵岩。岩曰："此事成败，在招讨杨公尔！得其一言谕禁军，吾事立办。"末帝乃遣马慎交阴见师厚，布腹心。师厚犹豫①未决，谓其下曰："方郢王②弑逆时，吾不能即讨。今君臣之分已定，无故改图，人谓我何？"其下或曰："友珪弑父与君，乃天下之恶。均王③仗大义以诛贼，其事易成。彼若一朝破贼，公将何以自处？"师厚大悟，乃遣其将王舜贤至洛阳，见袁象先计事，使朱汉宾以兵屯滑州为应。末帝卒与象先杀友珪。

末帝即位，封师厚邺王，诏书不名，事无巨细皆以谘之，然心益忌而畏之。已而师厚疡④发卒，末帝为之受贺于宫中。由是始分相、魏为两镇。魏军乱，以魏、博降晋。梁失河北，自此始。

① 犹豫，迟疑貌。
② 郢王，即朱友珪。
③ 均王，即末帝。
④ 疡，yáng，痈疽及皮肤病之总称。

唐臣传

郭崇韬

郭崇韬，代州①雁门②人也，为河东教练使。为人明敏，能应对，以材干③见称。

庄宗为晋王，孟知祥④为中门使，崇韬为副使。中门之职，参管机要。先时，吴珙、张虔厚等皆以中门使相继获罪。知祥惧，求外任。庄宗曰："公欲避事，当举可代公者。"知祥乃荐崇韬为中门使，甚见亲信。

---

① 代州，在今山西代县。
② 雁门，亦在今山西代县。
③ 能事其事曰干。材干，犹言其材干练。
④ 孟知祥，龙冈人，字保胤。晋王李克用以其弟女妻之。随魏王继岌平蜀，以功封成都尹、剑南西川节度使。后杀李严叛。明宗崩，自立为帝，国号蜀。在位未一年，卒。

唐臣传

晋兵围张文礼[①]于镇州，久不下，而定州王都[②]引契丹入寇。契丹至新乐[③]，晋人皆恐，欲解围去，庄宗未决。崇韬曰："契丹之来，非救文礼，为王都以利诱之耳。且晋新破梁军，宜乘已振之势，不可遽自退怯。"庄宗然之，果败契丹。庄宗即位，拜崇韬兵部尚书、枢密使。

梁王彦章击破德胜[④]，唐军东保杨刘，彦章围之。庄宗登垒，望见彦章为重堑[⑤]以绝唐军，意轻之，笑曰："我知其心矣！其欲持久以弊[⑥]我也。"即引短兵[⑦]出战，为彦章伏兵所射，大败而归。庄宗问崇韬计安出。是时唐已得郓州矣，崇韬因曰："彦章围我于此，其志在取郓州也。臣愿得兵数千，

---

① 张文礼，燕人。初为刘仁恭裨将。性凶险，多奸谋。从刘守文至沧州，乘间据城叛。后奔王镕，旋杀镕父子自为留后，以事上闻，兼要节钺。庄宗可其请，又叛。庄宗遣将讨之，惊悸卒。
② 王都，处直养子。后弑处直叛唐，唐遣将讨之，城破，自焚死。
③ 新乐，今河北新乐市。
④ 德胜，在今河南濮阳市。
⑤ 堑，坑，又绕城水。
⑥ 弊，困。
⑦ 按，《史记·匈奴列传》："长兵则弓矢，短兵则刀铤。"可知短兵指刀铤类。

据河下流，筑垒于必争之地，以应郓州为名，彦章必来争。既分其兵，可以图也。然板筑①之功难卒②就，陛下日以精兵挑战，使彦章兵不得东，十日垒成矣。"庄宗以为然，乃遣崇韬与毛璋③将数千人夜行，所过驱掠居人，毁屋伐木，渡河筑垒于博州东。昼夜督④役，六日垒成。彦章果引兵急攻之。时方大暑，彦章兵热死。及攻垒不克，所失太半，还趋杨刘。庄宗迎击，遂败之。

康延孝⑤自梁奔唐，先见崇韬，崇韬延之卧内，尽得梁虚实。是时，庄宗军朝城⑥，段凝军临河⑦。唐自失德胜，梁兵日掠澶⑧、相，取黎阳、卫州⑨，而

---

① 筑墙者一丈为板。校订者按：板筑，谓筑垒。
② 卒，通"猝"。
③ 毛璋，沧州人。初为梁军校，以沧州降晋。及庄宗灭梁，以功拜华州节度使。在镇多为不法，明宗闻而恶之，赐自尽。
④ 督，监察，以身率下。
⑤ 康延孝，见《杂传》。
⑥ 朝城，在今山东莘县。
⑦ 临河，约在今河北大名县附近。
⑧ 澶，州名，在今河南清丰县。
⑨ 卫州，在今河南卫辉市。

唐臣传

李继韬①以泽②、潞③叛入于梁,契丹数犯幽、涿④,又闻延孝言"梁方召诸镇兵,欲大举",唐诸将皆忧惑,以谓成败未可知。庄宗患之,以问诸将。诸将皆曰:"唐得郓州,隔河难守,不若弃郓与梁,而西取卫州、黎阳,以河为界,与梁约罢兵,毋相攻,庶几以为后图。"庄宗不悦,退卧帐中,召崇韬问计。崇韬曰:"陛下兴兵仗义,将士疲战争,生民苦转饷⑤者,十余年矣。况今大号⑥已建,自河以北,人皆引首以望成功而思休息。今得一郓州,不能守而弃之,虽欲指河为界,谁为陛下守之?且唐未失德胜时,四方商贾,征输必集,薪刍粮饷,其积如山。自失南城⑦,保杨刘,道路转徙,耗亡太

---

① 李继韬,嗣昭子。少狡狯无赖。嗣昭卒,庄宗以为安义军留后。旋通于梁。庄宗平河南,继韬惧,将脱身亡契丹。有诏赦之,乃赍银数十万两诣阙,赂伶阉,宠待如故。旋复以谋叛事泄,伏诛。
② 泽,州名,今山西晋城市。
③ 潞,州名,今山西长治市。
④ 涿,州名,在今河北涿州市,近北京。
⑤ 转饷,转运粮饷。
⑥ 大号,天子年号。
⑦ 晋以铁锁断德胜口,筑河南北为两城,号夹寨。按:南城即南寨。详《王彦章传》。

半。而魏、博五州，秋稼不稔①，竭民而敛，不支数月。此岂按兵持久之时乎？臣自康延孝来，尽得梁之虚实。此真天亡之时也。愿陛下分兵守魏，固杨刘，而自郓长驱，捣其巢穴。不出半月，天下定矣！"庄宗大喜，曰："此大丈夫之事也！"因问司天②，司天言"岁不利用兵"。崇韬曰："古者命将，凿凶门而出。况成算已决，区区常谈，岂足信也！"庄宗即日下令军中，归其家属于魏，夜渡杨刘，从郓州入袭汴，用八日而灭梁。庄宗推功，赐崇韬铁券③，拜侍中、成德军④节度使，依前枢密使。

　　庄宗与诸将以兵取天下，而崇韬未尝居战阵，徒以谋议居佐命⑤第一之功，位兼将相，遂以天下为己任，遇事无所回避。而宦官、伶人用事，特不便也。

----

① 稔，rěn，谷熟。
② 司，主，主其事。司天，掌天象之官。
③ 铁券，古以颁有功之臣者。其制如瓦。外刻履历恩数之详，以记其功；中镌减罪免禄之数，以防其过。字嵌以金，各分左右：左颁功臣，右藏内府。有故，则合之以取信。
④ 成德军，在今河北正定县。
⑤ 古称创业之君受天命而为天子，其辅佐者谓之佐命。

唐臣传

初，崇韬与宦者马绍宏①俱为中门使，而绍宏位在上。及庄宗即位，二人当为枢密使。而崇韬不欲绍宏在己上，乃以张居翰②为枢密使，绍宏为宣徽使。绍宏失职，怨望，崇韬因置内勾使，以绍宏领之。凡天下钱谷出入于租庸③者，皆经内勾。既而文簿繁多，州县为弊，遽罢其事，而绍宏尤侧目④。崇韬颇惧，语其故人子弟曰："吾佐天子取天下，今大功已就，而群小交兴，吾欲避之，归守镇阳⑤，庶几免祸，可乎？"故人子弟对曰："俚语曰：'骑虎者，势不得下。'今公权位已隆⑥，而下多怨嫉，一失其势，能自安乎？"崇韬曰："奈何？"对曰："今中宫⑦未立，而刘氏有宠，宜请立刘氏为皇后，而多建天下利害以便民者，然后退而乞身。

---

① 马绍宏，初与孟知祥同为中门使。庄宗领幽州，绍宏权知州事。明宗时官终枢密使。余见本传。
② 张居翰，详《宦者传》。
③ 唐代赋役之制：丁男授田一顷，岁输粟二斛，谓之租。役人力，岁二十日，闰月加二日，不役者日输绢三尺，谓之庸。
④ 侧目，嫉视。
⑤ 成德军治镇阳，即今河北正定县。
⑥ 隆，高。
⑦ 中宫，内寝，嫡夫人所居，别乎东西而言者。旧仪称皇后为中宫。

天子以公有大功而无过，必不听公去。是外有避权之名，而内有中宫之助，又为天下所悦；虽有谗间，其可动乎？"崇韬以为然，乃上书请立刘氏为皇后。

崇韬素廉，自从入洛①，始受四方赂遗。故人子弟或以为言，崇韬曰："吾位兼将相，禄赐巨万，岂少此邪？今藩镇诸侯，多梁旧将，皆主上斩袪射钩②之人也。今一切拒之，岂无反侧③？且藏于私家，何异公帑？"明年，天子有事南郊④，乃悉献其所藏，以佐赏给。

庄宗已郊，遂立刘氏为皇后。崇韬累表自陈，请依唐旧制，还枢密使于内臣⑤，而并辞镇阳。优诏⑥不允。崇韬又曰："臣从陛下军朝城，定计破梁。陛下抚臣背而约曰：'事了，与卿一镇。'今天

---

① 洛，州名，今河南洛阳市。
② 斩袪，晋文公逃亡时，寺人披追之，斩其袖口；射钩，管仲与齐桓公战，射中桓公带钩。斩袪射钩，言唐诸藩皆与庄宗曾相战争，或有旧怨之意。
③ 反侧，惶恐不安。
④ 南郊，祀天。旧制：每岁冬至日大祀天于圜丘，帝在南郊，故云。
⑤ 内臣，谓禁内亲近之臣，世以为宦官之称。
⑥ 优诏，优异之诏，所以奖勖功臣者。

下一家，俊贤并进，臣惫①矣，愿乞身如约。"庄宗召崇韬谓曰："朝城之约，许卿一镇，不许卿去。欲舍朕，安之乎？"崇韬因建天下利害二十五事，施行之。

李嗣源②为成德军节度使，徙崇韬忠武③。崇韬因自陈权位已极，言甚恳至。庄宗曰："岂可朕居天下之尊，使卿无尺寸之地？"崇韬辞不已，遂罢其命，仍为侍中、枢密使。

同光三年夏，霖雨不止，大水害民田，民多流死。庄宗患宫中暑湿不可居，思得高楼避暑。宦官进曰："臣见长安全盛时，大明、兴庆宫楼阁百数。今大内不及故时卿相家。"庄宗曰："吾富有天下，岂不能作一楼？"乃遣宫苑使王允平④营之。宦官曰："郭崇韬眉头不伸，常为租庸惜财用；陛下虽欲有作，其可得乎？"庄宗乃使人问崇韬曰："昔吾与梁对垒于河上，虽祁寒⑤盛暑，被甲跨马，不

---

① 惫，bèi，疲极。
② 李嗣源，即明宗。
③ 忠武，即梁匡国军，治许州，今河南许昌市。
④ 王允平，未详。
⑤ 祁，大。祁寒，大寒。

以为劳；今居深宫，荫广厦，不胜其热。何也？"崇韬对曰："陛下昔以天下为心，今以一身为意，艰难逸豫，为虑不同，其势自然也。愿陛下无忘创业之难，常如河上，则可使繁暑坐变清凉。"庄宗默然。终遣允平起楼。崇韬果切谏。宦官曰："崇韬之第，无异皇居，安知陛下之热？"由是谗间愈入。

河南县令罗贯，为人强直，颇为崇韬所知。贯正身奉法，不受权豪请托，宦官、伶人有所求请，书积几案，一不以报，皆以示崇韬。崇韬数以为言，宦官、伶人由此切齿①。河南自故唐时张全义为尹，县令多出其门，全义厮养②畜之。及贯为之，奉全义不屈；县民恃全义为不法者，皆按诛之。全义大怒，尝使人告刘皇后，从容为白贯事，而左右日夜共攻其短。庄宗未有以发。皇太后崩，葬坤陵，陵在寿安③。庄宗幸陵作所，而道路泥涂，桥坏。庄宗止舆问："谁主者？"宦官曰："属河

---

① 切齿，齿相磨切，奋怒貌。
② 厮养，谓贱役。按：厮，役。
③ 寿安，在今河南宜阳县。

南。"因亟召贯。贯至,对曰:"臣初不奉诏,请诘主者。"庄宗曰:"尔之所部,复问何人?"即下贯狱,狱吏榜掠①,体无完肤。明日,传诏杀之。崇韬谏曰:"贯罪无他,桥道不修,法不当死。"庄宗怒曰:"太后灵驾②将发,天子车舆往来,桥道不修,卿言无罪,是朋党③也!"崇韬曰:"贯虽有罪,当具狱行法于有司。陛下以万乘④之尊,怒一县令,使天下之人言陛下用法不公,臣等之过也。"庄宗曰:"贯,公所爱,任公裁决!"因起入宫。崇韬随之,论不已,庄宗自阖殿门,崇韬不得入。贯卒见杀。

明年,征蜀,议择大将。时明宗为总管⑤,当行。而崇韬以谗见危,思立大功为自安之计,乃曰:"契丹为患北边,非总管不可御。魏王继岌,国之储副⑥,而大功未立;且亲王为元帅,唐故事

---

① 榜,捶击。掠,搒笞。
② 灵驾,谓太后之丧驾。
③ 朋,类。此言朋党,谓崇韬庇护其同党。
④ 周制:天子地方千里,出兵车万乘。后世因称天子为万乘。
⑤ 总管,官名,督军之官。
⑥ 储,副。储副,谓太子,言为君之副。

也。"庄宗曰:"继岌小子,岂任大事?必为我择其副。"崇韬未及言,庄宗曰:"吾得之矣!无以易卿也。"乃以继岌为西南面行营都统,崇韬为招讨使,军政皆决崇韬。

唐军入蜀,所过迎降。王衍①弟宗弼阴送款于崇韬,求为西川②兵马留后,崇韬以节度使许之。军至成都③,宗弼迁衍于西宫,悉取衍嫔妓、珍宝奉崇韬及其子廷诲,又与蜀人列状见魏王,请崇韬留镇蜀。继岌颇疑崇韬。崇韬无以自明,因以事斩宗弼及其弟宗渥、宗勋,没其家财。蜀人大恐。

崇韬素嫉宦官,尝谓继岌曰:"王有破蜀功,师旋,必为太子。俟主上千秋万岁后,当尽去宦官。至于扇马④,亦不可骑。"继岌监军李从袭等见崇韬专任军事,心已不平;及闻此言,遂皆切齿,思有以图之。庄宗闻破蜀,遣宦官向延嗣劳军,崇

---

① 王衍,王建子。既嗣位,年少荒淫,委政宦者,日夜酣饮,为唐所灭,族诛。
② 西川,今四川西部。
③ 成都,今四川省会。
④ 扇,通"骟"。扇马,谓马之去势者。

韬不郊迎。延嗣大怒，因与从袭等共构之。延嗣还，上蜀簿，得兵三十万，马九千五百匹，兵器七百万，粮二百五十三万石，钱一百九十二万缗，金银二十二万两，珠玉象犀二万，文锦绫罗五十万匹。庄宗曰："人言'蜀，天下之富国也'，所得止于此邪？"延嗣因言蜀之宝货皆入崇韬，且诬其有异志，将危魏王。庄宗怒，遣宦官马彦珪至蜀，视崇韬去就。彦珪以告刘皇后，刘皇后教彦珪矫诏魏王杀之。

崇韬有子五人，其二从死于蜀，余皆见杀。其破蜀所得，皆籍没。明宗即位，诏许归葬，以其太原故宅赐其二孙。

当崇韬用事，自宰相豆卢革、韦悦[①]等皆倾附之。崇韬父讳弘，革等即因他事奏改弘文馆为崇文馆。以其姓郭，因以为子仪之后，崇韬遂以为然。其伐蜀也，过子仪墓，下马号恸而去，闻者颇以为笑。然崇韬尽忠国家，有大略。其已破蜀，因遣使

[①] 庄宗定汴、洛，韦说拜平章事，政务得失，无所措言。时郭崇韬秉政，行事有遭物议者，说曰："此郭汉子意也。"明宗时，坐高季兴事，流合州，赐自尽。校订者按：此文"悦"当作"说"。

者以唐威德风谕南诏①诸蛮，欲因以绥②来之，可谓有志矣！

安重诲

安重诲，应州③人也。其父福迁，事晋为将，以骁④勇知名。梁攻朱宣⑤于郓州，晋兵救宣。宣败，福迁战死。

重诲少事明宗，为人明敏谨恪⑥。明宗镇安国⑦，以为中门使。及兵变于魏，所与谋议大计，皆重诲与霍彦威⑧决之。明宗即位，以为左领军卫

---

① 南诏，国名。其先本有六诏，蒙舍最南，谓之南诏，五诏皆为所并。在今云南境。
② 绥，suí，安。
③ 应州，在今山西应县。
④ 骁，勇捷。
⑤ 朱宣，下邑人。少贩盐为盗，后隶曹全晟，以战功积官天平节度使。朱全忠已取滑州，欲并诸镇，遂发兵攻之。宣败走，为葛从周所执，斩于汴桥下。
⑥ 恪，kè，敬。
⑦ 安国，即梁保义军，见前《杨师厚传》注。
⑧ 霍彦威，曲周人，字子重，为霍存养子。事梁太祖，累迁天平军节度使。庄宗灭梁，彦威自陕来朝，赐姓名曰李绍真，徙镇武宁。庄宗崩，彦威从明宗入洛阳，首率群臣劝进，徙镇平卢。天成中卒。

唐臣传

大将军①、枢密使,兼领山南东道节度使。固辞不拜,改兵部尚书,使如故。在位六年,累加侍中兼中书令。

重海自为中门使,已见亲信;而以佐命功臣处机密之任,事无大小,皆以参决②,其势倾动天下。虽其尽忠劳心,时有补益,而恃功矜宠,威福自出,旁无贤人君子之助,其独见之虑,祸衅③所生,至于臣主俱伤,几灭其族,斯其可哀者也!

重海尝出,过御史台门,殿直马延误冲其前导。重海怒,即台门斩延而后奏。是时,随驾厅子军士桑弘迁,殴伤相州录事参军;亲从兵马使安虔,走马冲宰相前导。弘迁罪死,虔决杖④而已。重海以斩延,乃请降敕⑤处分。明宗不得已从之。由是御史、谏官无敢言者。

---

① 左领军卫,官名。唐置左右领军卫,为禁卫之一。有上将军、大将军、将军等官。五代因之。
② 参决,谓参与而裁决之。
③ 衅,xìn,瑕隙。祸衅,谓招祸之原因。
④ 决,判决。杖,旧制五刑之一。
⑤ 汉、唐以来,天子颁布臣民之书,谓之诏敕,亦单称敕,犹后世之有谕旨。

宰相任圜①判三司，以其职事与重海争，不能得。圜怒，辞疾，退居于磁州②。朱守殷以汴州反，重海遣人矫诏驰至其家，杀圜而后白，诬圜与守殷通谋，明宗皆不能诘也。

而重海恐天下议己，因取三司积欠二百余万，请放之，冀以悦人而塞责③。明宗不得已，为下诏蠲除④之。其威福自出，多此类也。

是时，四方奏事，皆先白重海，然后闻。河南县献嘉禾，一茎五穗。重海视之，曰："伪也。"笞⑤其人而遣之。

夏州⑥李仁福⑦进白鹰，重海却之。明日，白曰："陛下诏天下勿得献鹰鹞，而仁福违诏献鹰，臣已却之矣。"重海出，明宗阴遣人取之以入。他

---

① 任圜，见任圜本传。
② 磁州，在今河北磁县。
③ 塞责，谓免于责备。今谓敷衍作事以苟免罪责者曰塞责。
④ 蠲，juān，除去。蠲除，谓免去苛政重役。
⑤ 笞，旧制五刑之一，捶击。俗谓之小板子。
⑥ 夏州，在今山西夏县。
⑦ 李仁福，开平间为蕃部指挥使。会夏州乱，众迎仁福充定难军节度使。终梁世，奉正朔而已。入唐，官至检校太师，兼中书令，封朔方王。

日,按鹰于西郊,戒左右:"无使重诲知也!"

宿州①进白兔,重诲曰:"兔阴且狡,虽白何为?"遂却而不白。

明宗为人虽宽厚,然其性夷狄②,果于杀人。马牧军使田令方③所牧马,瘠而多毙,坐劾④当死。重诲谏曰:"使天下闻以马故杀一军使,是谓贵畜而贱人。"令方因得减死。

明宗遣回鹘侯三驰传至其国。侯三至醴泉县,县素僻,无驿马,其令刘知章出猎,不时给马,侯三遽以闻。明宗大怒,械知章至京师,将杀之,重诲从容为言,知章乃得不死。其尽忠补益,亦此类也。

重诲既以天下为己任,遂欲内为社稷之计,而

---

① 宿州,今安徽宿州市。
② 古时称四方边境未开化之民,东曰夷,南曰蛮,西曰戎,北曰狄。后世相沿,称未开化之民皆曰夷狄。按:明宗本沙陀人,故云。
③ 马牧军使,掌牧军马之官。田令方,为虢州团练使。帐中伶人靖边庭妻有美色,令方私之,边庭不胜忿。会陕西三叛连横,关辅间人情大扰,边庭夜缒入州廨杀之。
④ 入罪曰坐,言罪与律应,不得移动。劾,论人罪状。

外制诸侯之强。然其轻信韩玫之谮，而绝钱镠①之臣；徒陷彦温于死，而不能去潞王之患。李严一出而知祥贰，仁矩未至而董璋叛②。四方骚动，师旅并兴，如投膏止火，适足速之。此所谓"独见之虑，祸衅所生"也③。

钱镠据有两浙，号兼吴越而王，自梁及庄宗，常异其礼，以羁縻④臣属之而已。明宗即位，镠遣使朝京师，寓书重诲，其礼慢。重诲怒，未有以发，乃遣其嬖吏韩玫、副供奉官乌昭遇复使于镠。而玫恃重诲势，数凌辱昭遇，因醉使酒，以马棰⑤击之。镠欲奏其事，昭遇以为辱国，固止之。及玫还，返谮⑥于重诲曰："昭遇见镠，舞蹈⑦称臣，而

---

① 钱镠，临安人，字具美。唐僖宗时，黄巢起兵，镠率乡兵破走之。昭宗时，拜镠镇海、镇东军节度使，赐铁券。拥兵两浙，统十二州。唐亡，受梁封，称吴越国王。在位四十一年卒。赐谥武肃。
② 按，《廿二史考异》云："杨彦温、孟知祥、李仁矩，不书姓而书名，前史无此例，虽下文有之，然先后殊倒置矣。"
③ 《廿二史考异》云："此篇乃欧公用意之作。然叙事之中，杂以断制，大似论体。盖学《史记》而失之。"
④ 羁，马络头。縻，牛纼。羁縻，喻牵制。
⑤ 棰，鞭。马棰，马鞭。
⑥ 谮，zèn，诉。直告其事曰诉，加诬曰谮。
⑦ 舞蹈，朝拜之仪节。

以朝廷事私告镠。"昭遇坐死御史狱。乃下制削夺镠官爵，以太师致仕①。于是钱氏遂绝于唐矣。

潞王从珂②为河中③节度使，重诲以谓从珂非李氏子，后必为国家患，乃欲阴图之。从珂阅马黄龙庄，其牙内指挥使杨彦温闭城以叛。从珂遣人谓彦温曰："我遇汝厚，何苦而反邪？"报曰："彦温非叛也，得枢密院宣④，请公趋归朝廷耳！"从珂走虞乡⑤，驰骑上变⑥。明宗疑其事不明，欲究其所以。乃遣殿直都知范氲以金带袭衣⑦、金鞍勒⑧马赐彦温，拜彦温绛州⑨刺史，以诱致之。重诲固请用兵，明宗不得已，乃遣侍卫指挥使药彦稠⑩、

---

① 致仕，谓辞官而退隐。
② 从珂，即唐废帝。
③ 河中，在今山西永济市。地当汾河黄河之中，故曰河中。
④ 传达君命曰宣。
⑤ 虞乡，在今山西永济市。
⑥ 变，叛变。上变，谓以变乱上告于天子。
⑦ 衣单复具为一袭。校订者按：袭衣，成套衣服。
⑧ 勒，马络头。有嚼口者曰勒，无曰羁。
⑨ 绛州，在今山西新绛县。
⑩ 药彦稠，沙陀三部落人。初为骑将。长兴中，为静难军节度使。潞王从珂反，彦稠为招讨副使，兵溃，为潞王所杀。

西京留守索自通①率兵讨之,而诫曰:"为我生致彦温,吾将自讯②其事。"彦稠等攻破河中,希重海旨,斩彦温以灭口③。重海率群臣称贺,明宗大怒曰:"朕家事不了,卿等不合致贺!"从珂罢镇,居清化里第。重海数讽④宰相,言:"从珂失守,宜得罪。"冯道因白请行法。明宗怒曰:"吾儿为奸人所中,事未辨明;公等出此言,是不欲容吾儿人间邪?"赵凤⑤因言:"《春秋》责帅之义,所以励为臣者。"明宗曰:"皆非公等意也!"道等惶恐而退。居数日,道等又以为请,明宗顾左右而言他。明日,重海乃自论列。明宗曰:"公

---

① 索自通,清源人。少能骑射,从庄宗定魏、博,累迁河中节度使,入为右龙武将军。初,自通代末帝镇河中,临事失于周旋,帝深衔之。及即位,自通忧悸求死,退朝涉洛,自溺而死。
② 讯,鞫罪。
③ 灭口,谓防其泄言而杀之。
④ 讽,fěng,谓不用正言,托辞以感人。
⑤ 赵凤,幽州人。庄宗时,历官礼部侍郎,好直言。凤与任圜善。明宗时,圜为安重海所杀,凤独号哭呼重海曰:"任公天下义士,岂肯谋反!而公杀之,何以示天下!"重海惭不能对。及重海得罪,群臣无敢言,凤数言重海尽忠,罢为安国军节度使。废帝立,召为太子太保,病足,卒于家。

欲如何处置，我即从公！"重海曰："此父子之际，非臣所宜言；惟陛下裁之！"明宗曰："吾为小校时，衣食不能自足，此儿为我担石灰，拾马粪，以相养活。今贵为天子，独不能庇之邪？使其杜门①私第，亦何与公事！"重海由是不复敢言。

孟知祥镇西川，董璋镇东川②，二人皆有异志。重海每事裁抑，务欲制其奸心，凡两川守将更代，多用己所亲信，必以精兵从之，渐令分成诸州，以虞缓急。二人觉之，以为图己，益不自安。既而遣李严为西川监军，知祥大怒，斩严。又分阆州③为保宁军，以李仁矩为节度使以制璋，且削其地。璋以兵攻杀仁矩。二人遂皆反。唐兵戍蜀者，积三万人；其后知祥杀璋，兼据两川，而唐之精兵皆陷蜀。

初，明宗幸汴州，重海建议，欲因以伐吴④，而

---

① 杜，塞。杜门，谓闭门家居。
② 东川，今四川东部。
③ 阆州，在今四川阆中市。
④ 五代时，杨行密据淮南，兼有江西，国号吴。凡四主，四十六年。

明宗难之。其后户部尚书李鏻①得吴谍②者言："徐知诰③欲举吴国以称藩，愿得安公一言以为信。"鏻即引谍者见重诲，重诲大喜，以为然，乃以玉带与谍者，使遗知诰为信，其直千缗。初不以其事闻。其后逾年，知诰之问不至，始奏贬鏻行军司马。已而捧圣都军使李行德、十将④张俭告变，言枢密承旨李虔徽语其客边彦温云："重诲私募士卒，缮⑤治甲器，欲自伐吴。又与相者交私。"明宗以问重诲，重诲惶恐，请究其事。明宗初颇疑之，大臣左右皆为之辨。既而少解，始告重诲以彦温之言。因廷诘彦温，具伏其诈；于是君臣相顾泣下。彦温、行

---

① 李鏻，唐宗室子。少举进士不中，辗转事王镕为从事。后张文礼弑镕自立，遣鏻聘唐庄宗于太原，鏻为庄宗画文礼可破之策。文礼败，庄宗以为支使。明宗时，累迁户部尚书。后事晋，迁太子太保。继事汉，拜司徒。
② 伺候敌人间隙，以反报其主者曰谍。
③ 徐知诰，徐州人，字正伦。少孤，流寓濠、泗间，杨行密攻濠州得之，养以为子。诸子不能容，行密以乞徐温，乃改姓名曰徐知诰。后受吴禅，称帝，为南唐开国之主。在位七年卒。按：《李鏻传》称杨溥，而此云徐知诰，以知诰相溥，专其国政之故。
④ 十将，官名。节度属官，位在长行之上、副将之下。
⑤ 缮，备，治。

德、俭皆坐族诛。重诲因求解职。明宗慰之曰："事已辩，慎无措之胸中！"重诲论请不已，明宗怒曰："放卿去，朕不患无人！"顾武德使孟汉琼至中书，趣①冯道等议代重诲者。冯道曰："诸君苟惜安公，使得罢去，是纾②其祸也。"赵凤以为大臣不可轻动。遂以范延光为枢密使，而重诲居职如故。

董璋等反，遣石敬瑭讨之。而川路险阻，粮运甚艰，每费一石，而致一斗。自关③以西，民苦输送，往往亡聚山林为盗贼。明宗谓重诲曰："事势如此，吾当自行。"重诲曰："此臣之责也。"乃请行。关西之人闻重诲来，皆已恐动。而重诲日驰数百里，远近惊骇。督趣粮运，日夜不绝，毙踣④道路者，不可胜数。重诲过凤翔，节度使朱弘昭延之寝室，使其妻子奉事左右甚谨。重诲酒酣，为弘昭言："昨被谗构⑤，几不自全；赖人主明圣，得保

---

① 趣，催促。
② 纾，解。
③ 关，谓函谷关。
④ 踣，bó，僵、毙。
⑤ 构，构陷。谗构，谓以谗言构陷。

家族。"因感叹泣下。重诲去,弘昭驰骑上言:"重诲怨望①,不可令至行营,恐其生事。"而宣徽使孟汉琼自行营使还,亦言西人震骇之状,因述重诲过恶。重诲行至三泉②,被召还。过凤翔,弘昭拒而不纳。重诲惧,驰趋京师。未至,拜河中节度使。

重诲已罢,希旨者争求其过。宦者安希伦坐与重诲交私,常与重诲阴伺宫中动息,事发弃市③。重诲益惧,因上章告老,以太子太师致仕;而以李从璋④为河中节度使,遣药彦稠率兵如河中虞变。重诲子崇绪、崇赞宿卫⑤京师,闻制⑥下,即日奔其父。重诲见之,惊曰:"渠⑦安得来!"已而曰:"此非渠意,为人所使耳!吾以一死报国。余复何言!"乃械送二子于京师。行至陕州,下狱。明

---

① 怨望,怨恨之意。
② 三泉,今陕西宁强县。
③ 弃市,谓死罪。《礼记·王制》:"刑人于市,与众弃之。"
④ 李从璋,明宗从子,字子良。明宗时,镇保义,徙河中。晋高祖立,徙镇威胜。从璋为人贪鄙,自镇保义,始折节自修,在南阳颇有遗爱。
⑤ 宿卫,直宿宫禁。
⑥ 天子之言曰制。
⑦ 渠,犹言汝等。

宗又遣翟光业^①至河中，视重诲去就，戒曰："有异志，则与从璋图之！"又遣宦者使于重诲。使者见重诲，号泣不已。重诲问其故，使者曰："人言公有异志，朝廷遣药彦稠率师至矣！"重诲曰："吾死未塞责，遽劳朝廷兴师，以重明主之忧！"光业至，从璋率兵围重诲第，入拜于庭。重诲降而答拜，从璋以檛^②击其首。重诲妻走抱之而呼曰："令公^③死未晚，何遽如此！"又击其首，夫妻皆死，流血盈庭。从璋检责其家赀，不及数千缗而已。明宗下诏，以其绝钱镠，致孟知祥、董璋反，及议伐吴，以为罪；并杀其二子。其余子孙皆免。

重诲得罪，知其必死，叹曰："我固当死，但恨不与国家除去潞王^④！"此其恨也。

呜呼，官失其职久矣！予读梁宣底^⑤，见敬翔、

---

① 翟光业，疑即翟光邺，见前《明宗淑妃王氏传》注。
② 檛，zhuā，兵器。
③ 令公，中书令之尊称。
④ 按，《廿二史考异》云："按：重诲死于长兴二年闰五月，而从珂之封潞王乃在四年五月，重诲口中安得称'潞王'乎？此亦'欧史'之失检也。"
⑤ 晚唐枢密使，自禁中受旨，出付中书，谓之宣。中书承受，录之于籍，谓之宣底。

李振为崇政院使，凡承上之旨，宣之宰相而奉行之；宰相有非其见时而事当上决者，与其被旨而有所复请者，则具记事而入，因崇政使闻，得旨则复宣而出之。梁之崇政使，乃唐枢密之职，盖出纳之任也。唐常以宦者为之，至梁戒其祸，始更用士人。其备顾问、参谋议于中则有之，未始专行事于外也。至崇韬、重诲为之，始复唐枢密之名，然权侔①于宰相矣。后世因之，遂分为二：文事任宰相，武事任枢密。枢密之任既重，而宰相自此失其职也。

周德威

周德威，字镇远，朔州②马邑③人也。为人勇而多智，能望尘以知敌数。其状貌雄伟，笑不改容，人见之，凛如④也。事晋王为骑将，稍迁铁林军使⑤。

---

① 侔，齐等，均。
② 朔州，今山西朔州市。
③ 马邑，故城在今朔州市西北。
④ 凛如，可畏貌。
⑤ 铁林军使，官名。言其军如铁之坚强，盖谓其勇悍。

从破王行瑜[1]，以功迁内衙指挥使[2]。其小字阳五[3]，当梁、晋之际，周阳五之勇闻天下。

梁军围晋太原，令军中曰："能生得周阳五者为刺史。"有骁将陈章者，号"陈野叉"，常乘白马被朱甲以自异，出入阵中，求周阳五，欲必生致之。晋王戒德威曰："陈野叉欲得汝以求刺史，见白马朱甲者，宜善备之！"德威笑曰："陈章好大言耳！安知刺史非臣作邪？"因戒其部兵曰："见白马朱甲者，当佯走以避之。"两军皆阵，德威微服杂卒伍中。陈章出挑战，兵始交，德威部下见白马朱甲者，因退走，章果奋矟[4]急追之。德威俟章已过，挥铁锤击之，中章堕马，遂生擒之。

梁攻燕[5]，晋遣德威将五万人为燕攻梁，取潞

---

[1] 王行瑜，邠州人。初为朱玫将，后杀玫归唐，授邠宁节度使。李茂贞拒覃王，杀宰相，行瑜均与有力焉。旋为李克用所讨，奔庆州，为麾下所杀。
[2] 内衙指挥使，谓禁卫官。
[3] 按：《葛从周碑》作"杨五"。
[4] 矟，shuò。矛长八尺曰矟，马上所持者。亦作"槊"。
[5] 见《刘守光传》。

州。迁代州刺史、内外蕃汉马步军都指挥使[1]。梁军舍燕攻潞，围以夹城。潞州守将李嗣昭[2]闭城拒守，而德威与梁军相持于外逾年。嗣昭与德威素有隙，晋王病且革[3]，语庄宗曰："梁军围潞，而德威与嗣昭有隙，吾甚忧之！"王丧在殡，庄宗新立，杀其叔父克宁[4]，国中未定，而晋之重兵，悉属德威于外，晋人皆恐。庄宗使人以丧及克宁之难告德威，且召其军。德威闻命，即日还军太原，留其兵城外，徒步而入，伏梓宫[5]前恸哭几绝，晋人乃安。遂从庄宗复击梁军，破夹城，与李嗣昭欢如初。以破夹城功，拜振武[6]节度使、同中书门下平章事。

天祐七年秋，梁遣王景仁[7]将魏、滑、汴、宋

---

[1] 蕃，亦作"番"。内外蕃汉马步军都指挥使，官名，即掌领蕃汉马步各军之长官。
[2] 李嗣昭，见《义儿传》。
[3] 革，jí，急。
[4] 克宁，克恭弟。为人仁孝，于诸兄弟中最贤。事太祖小心不懈，军事无大小皆参决。太祖病，以庄宗属克宁。或以兄亡弟及为言，克宁不可。其后惑于群言，竟以诛死。
[5] 梓宫，天子之棺。天子之棺以梓木为之，故称梓宫。
[6] 振武，治朔州，在今山西朔州市。
[7] 王景仁，合淝人。少从杨行密起淮南，为将骁勇刚悍，质略无威仪。尝破梁军。后归太祖，官终淮南招讨使。

等兵七万人击赵①。赵王王镕乞师于晋,晋遣德威先屯赵州②。冬,梁军至柏乡③,赵人告急,庄宗自将出赞皇④,会德威于石桥⑤,进距柏乡五里,营于野河⑥北。晋兵少,而景仁所将神威、龙骧、拱宸⑦等军皆梁精兵,人马铠甲饰以组绣金银⑧,其光耀日,晋军望之色动。德威勉其众曰:"此汴、宋佣贩儿⑨,徒饰其外耳,其中不足惧也!其一甲直数十千,擒之适足为吾资,无徒望而爱之,当勉以往取之。"退而告庄宗曰:"梁兵甚锐,未可与争,宜少退以待之。"庄宗曰:"吾提孤军出千里,其利速战。今不乘势急击之,使敌知吾之众寡,则吾无所施矣。"德威曰:"不然,赵人能城守而不能野战。吾之取胜,利在骑兵;平川广野,骑兵之所长也。今吾军

① 按:王镕称赵王,见前注。
② 赵州,在今河北赵县。
③ 柏乡,今河北柏乡县。
④ 赞皇,今河北赞皇县。
⑤ 石桥,约在今柏乡县境北。
⑥ 野河,疑即柏乡县北之槐河。
⑦ 神威、龙骧、拱宸,皆梁亲卫军名。
⑧ 金银,以金银丝条绣成之饰物。
⑨ 佣,雇役于人。贩,买贱卖贵。言为乌合之众,不堪战。

于河上，迫贼营门，非吾用长之地也。"庄宗不悦，退卧帐中，诸将无敢入见。德威谓监军张承业①曰："王怒老兵。不速战者，非怯也。且吾兵少而临贼营门，所恃者，一水隔耳。使梁得舟筏渡河，吾无类②矣！不如退军鄗邑③，诱敌出营，扰而劳之，可以策胜也。"承业入言曰："德威老将知兵，愿无忽其言！"庄宗遽起曰："吾方思之耳！"已而德威获梁游兵，问："景仁何为？"曰："治舟数百，将以为浮梁④。"德威引与俱见。庄宗笑曰："果如公所料。"乃退军鄗邑。德威晨遣三百骑叩梁营挑战，自以劲兵三千继之。景仁怒，悉其军以出，与德威转斗数十里，至于鄗南。两军皆阵，梁军横亘六七里，汴、宋之军居西，魏、滑之军居东。庄宗策马登高，望而喜曰："平原浅草，可前可却，真吾之胜地！"乃使人告德威曰："吾当为公先，公可继进。"德威谏曰："梁军轻出而远来，与吾转战，其

---

① 张承业，见《宦者传》。
② 无类，无噍类。噍，嚼。无噍类，谓无复活而噍食者。
③ 鄗邑，即高邑，今河北高邑县地。
④ 浮梁，浮桥。比舟于水，加板其上。

来必不暇赍粮糗；纵其能赍，亦不暇食；不及日午，人马俱饥，因其将退而击之，胜。"诸将亦皆以为然。至未申时，梁军东偏尘起，德威鼓噪①而进，麾其西偏曰："魏、滑军走矣！"又麾其东偏曰："梁军走矣！"梁阵动，不可复整，乃皆走，遂大败。自鄗追至于柏乡，横尸数十里，景仁以十余骑仅而免。自梁与晋争，凡数十战，其大败未尝如此。

刘守光僭号②于燕，晋遣德威将三万出飞狐③以击之。德威入祁沟关④，取涿州，遂围守光于幽州，破其外城。守光闭门距守。而晋军尽下燕诸州县，独幽州不下，围之逾年，乃破之。以功拜卢龙军⑤节度使。

德威虽为大将，而常身与士卒驰骋矢石之间。守光骁将单廷珪，望见德威于阵，曰："此周阳五也！"乃挺枪驰骑追之。德威佯走，度廷珪垂及，

---

① 鼓噪，谓击鼓而哗噪。
② 僭，假，拟。凡人臣僭称帝王者，称僭号。
③ 飞狐，在今河北涞源县。
④ 祁沟关，约在今河北保定市附近。
⑤ 卢龙军，治幽州。幽州，见前《晋家人传·高祖皇后李氏》注。

侧身少却。廷珪马方驰，不可止，纵其少过，奋挝击之。廷珪坠马，遂见擒。

庄宗与刘郭相持于魏，郭夜潜军出黄泽关以袭太原，德威自幽州以千骑入土门以蹑①之。郭至乐平，遇雨，不得进而还。德威与郭俱东，争趋临清，临清有积粟，且晋军饷道也。德威先驰据之，以故庄宗卒能困郭而败之。

庄宗勇而好战，尤锐于见敌。德威老将，常务持重以挫人之锋；故其用兵，常伺敌之隙以取胜。十五年，德威将燕兵三万人，与镇、定等军从庄宗于河上，自麻家渡②进军临濮③，以趋汴州。军宿胡柳陂④，黎明⑤，候骑⑥报曰："梁军至矣！"庄宗问战于德威，德威对曰："此去汴州，信宿⑦而近。梁军

---

① 蹑，niè，追随。
② 麻家渡，约当在今山东聊城市等鲁西北地区。
③ 临濮，在今山东鄄城县西南。
④ 胡柳陂，在今河南范县西南，一名黄柳陂。
⑤ 黎，迟。迟，待，待天欲明。一说：黎，黑，天将明而犹黑。黎明，谓天将明之时。
⑥ 候骑，侦骑。
⑦ 凡师，一宿为舍，再宿为信，过信为次。

父母妻子皆在其中，而梁人家国系此一举。吾以深入之兵，当其必死之战，可以计胜，而难与力争也。且吾军先至此，粮籑具而营栅完，是谓以逸待劳之师也。王宜按军无动，而臣请以骑军扰之，使其营栅不得成，樵爨不暇给；因其劳乏而乘之，可以胜也。"庄宗曰："吾军河上，终日俟敌，今见敌不击，复何为乎？"顾李存审①曰："公以辎重先，吾为公殿②！"遽督军而出。德威谓其子曰："吾不知死所矣！"前遇梁军而阵：王军居中，镇、定之军居左，德威之军居右，而辎重次右之西。兵已接，庄宗率银枪军③驰入梁阵。梁军小败，犯晋辎重。辎重见梁朱旗，皆惊走入德威军，德威军乱，梁军乘之，德威父子皆战死。庄宗与诸将相持而哭曰："吾不听老将之言，而使其父子至此！"庄宗即位，赠德威太师。明宗时，加赠太尉，配享④庄

---

① 李存审，即符存审。存审赐姓李，故又名李存审。详前《刘郭传》。
② 军后曰殿。
③ 银枪军，亲卫军名。
④ 历代以功臣配享祖庙。《尚书·盘庚》："兹予大享于先王，尔祖其从与享之。"是为配享之始。

宗庙。晋高祖追封德威燕王。

子光辅，官至刺史。

史建瑭

史建瑭，雁门人也。晋王为雁门节度使，其父敬思为九府都督，从晋王入关破黄巢，复京师，击秦宗权①于陈州，尝将骑兵为先锋。晋王东追黄巢于冤朐②，还过梁，军其城北。梁王置酒上源驿③，独敬思与薛铁山、贺回鹘等十余人侍。晋王醉，留宿梁驿，梁兵夜围而攻之。敬思登驿楼，射杀梁兵十余人。会天大雨，晋王得与从者俱去，缒④尉氏门⑤以出；而敬思为梁追兵所得，见杀。

---

① 秦宗权，上蔡人。与黄巢联合，围陈州，扰寇梁、宋间。巢死，宗权张甚，所至屠老孺，焚屋庐，至千里无舍烟。后为其将申丛所擒，送梁，伏诛。
② 冤朐，在今山东菏泽市。
③ 上源驿，在河南开封市区南。
④ 缒，以绳悬物使下坠。
⑤ 尉氏门，开封诸门之一。按，《五代会要》：梁开平元年四月，诏改尉氏门为高明门。

唐臣传

建瑭少事军中为裨校。自晋降丁会①,与梁相距于潞州,建瑭已为晋兵先锋。梁兵数为建瑭所杀,相戒常避"史先锋"。

梁遣王景仁攻赵,晋军救赵,建瑭以先锋兵出井陉②,战于柏乡。梁军为方阵,分其兵为二:汴、宋之军居左,魏、滑之军居右。周德威击其左,建瑭击其右。梁军皆走,遂大败之。以功加检校左仆射③。

天祐九年,晋攻燕,燕王刘守光乞师于梁,梁太祖自将击赵,围枣强、蓨县。是时晋精兵皆北攻燕,独符存审与建瑭以三千骑屯赵州。梁军已破枣强,存审扼下博④桥。建瑭分其麾下五百骑为五队,一之衡水⑤,一之南宫⑥,一之信都⑦,一之阜城⑧,而自

---

① 丁会,寿春人,字道隐。初为盗,与朱温俱从黄巢。会畏温雄猜,常称疾。天复初,起为昭义军节度使。后降唐庄宗,为都招讨使。卒于太原。
② 井陉,今河北井陉县。
③ 射,yè。古者重武,有主射以督课,故曰仆射。唐末,左右仆射每为宰相之任,掌佐天子议大政。检校仆射位次检校司徒、司空。
④ 下博,故城在今河北深州市。
⑤ 衡水,今河北衡水市。
⑥ 南宫,今河北南宫市。
⑦ 今河北衡水市冀州区东北有信都故城。
⑧ 阜城,今河北阜城县。

将其一，约各取梁刍牧①者十人会下博。至暮，擒梁兵数十，皆杀之，各留其一人，纵使逸去，告之曰："晋王军且大至。"明日，建瑭率百骑为梁旗帜，杂其刍牧者，暮叩梁营，杀其守门卒，纵火大呼，斩击数十百人。而梁刍牧者所出，各遇晋兵，有所亡失，其纵而不杀者，归而皆言晋军且至。梁太祖夜拔营去，蓨县人追击之，梁军弃其辎重铠甲不可胜计。梁太祖方病，由是增剧。而晋军以故得并力以收燕者，二人之力也。后从庄宗入魏、博，败刘鄩于故元城，累以功历贝、相二州刺史。

十八年，晋军讨张文礼于镇州，建瑭以先锋兵下赵州，执其刺史王铤。兵傅②镇州，建瑭攻其城门，中流矢卒，年四十二。

建瑭子匡翰，尚晋高祖女，是为鲁国长公主。匡翰为将，沉毅有谋，而接下以礼，与部曲③语，未尝不名。历天雄军步军都指挥使、彰圣马军都指

---

① 饲牲曰刍。凡放饲牲畜者皆曰牧。
② 傅，通"附"，近。
③ 部曲，谓行伍。《续汉书·百官志》："将军令军，皆有部曲。大将军营五部，部校尉一人。部下有曲，曲有军候一人。"

挥使。事晋为怀、和①二州刺史，郑州②防御使，义成军节度使；所至兵民称慕之。

史氏世为将，而匡翰好读书，尤喜《春秋》三传③，与学者讲论，终日无倦。

义成军从事关彻，尤嗜酒，尝醉骂匡翰曰："近闻张彦泽脔张式④，未见史匡翰斩关彻；天下谈者，未有偶耳！"匡翰不怒，引满自罚而慰勉之，人皆服其量。卒年四十。

元行钦

元行钦，幽州人也。为刘守光裨将，守光篡其父仁恭，使行钦以兵攻仁恭于大安山⑤而囚⑥之，又使行钦害诸兄弟。其后晋攻幽州，守光使行钦募兵云⑦、朔间。是时明宗掠地山北，与行钦相拒广边

---

① 和，在今安徽和县。
② 郑州，今河南郑州市。
③ 《春秋》三传，谓《左传》《公羊传》《谷梁传》。
④ 脔，块切肉。事详《杂传》。
⑤ 大安山，在今北京市房山区西北。
⑥ 囚，禁锢。
⑦ 云，州名，今山西大同市。

军[1]，凡八战，明宗七射中行钦，行钦拔矢而战，亦射明宗中股。行钦屡败，乃降。明宗抚其背而饮以酒，曰："壮士也！"因养以为子。常从明宗战，数立功。

庄宗已下魏，益选骁将自卫。闻行钦骁勇，取之以为散员都部署[2]，赐姓名曰李绍荣。

庄宗好战而轻敌，与梁军战潘张[3]，军败而溃，庄宗得三四骑驰去，梁兵数百追及，攒稍围之。行钦望其旗而识之，驰一骑，奋剑断其二矛，斩首一级，梁兵解去。庄宗还营，持行钦泣曰："富贵与卿共之！"由是宠绝诸将。拜忻州[4]刺史，迁武宁军[5]节度使。

庄宗宴群臣于内殿，酒酣，乐作，道平生战阵事以为笑乐，而怪行钦不在，因左右顾视曰："绍荣安在？"所司奏曰："奉敕宴使相，绍荣散官，

---

[1] 广边军，按当在今山西北境。
[2] 散员，谓有其名而闲散无职事。部署，分部而署置。散员都部署，官名，盖散官之长。
[3] 潘张，今阙。
[4] 忻州，今山西忻州市。
[5] 武宁军，治徐州。徐州，见前《元贞皇后张氏传》注。

不得与也。"庄宗罢会不乐。明日，即拜行钦同中书门下平章事。自此不召群臣入内殿，但宴武臣而已。

赵在礼反于魏，庄宗方选大将击之。刘皇后曰："此小事，可趣绍荣指挥。"乃以为邺都①行营招抚使，将二千人讨之。行钦攻邺南门，以诏书招在礼。在礼送羊酒犒②军，登城谓行钦曰："将士经年离去父母，不取敕旨奔归，上贻圣忧，追悔何及！若公善为之辞，尚能改过自新。"行钦曰："天子以汝等有社稷之功，小过必当赦宥。"在礼再拜，以诏书示诸军。皇甫晖③从旁夺诏书坏之，军士大噪。行钦具以闻，庄宗大怒，敕行钦："破城之日，无遗种！"乃益召诸镇兵，皆属行钦。行钦屯澶州，分诸镇兵为五道，毁民车轮、门扉、屋椽为筏，渡长庆河④，攻冠氏门⑤，不克。

---

① 唐以魏州为邺都。魏州，见前《庄宗神闵敬皇后传》注。
② 犒，饷军。今亦谓赏劳曰犒。
③ 皇甫晖，魏州人。初为魏军卒，明宗即位，擢拜陈州刺史。后仕南唐，李璟以为江州节度。周世宗征淮，被擒，重创死。
④ 长庆河，按当在今河北大名县附近。
⑤ 冠氏门，疑即寇氏门。按，《五代会要》：邺都有寇氏门。

是时，邢、洺诸州，相继皆叛，而行钦攻邺无功。庄宗欲自将以往，群臣皆谏止，乃遣明宗讨之。明宗至魏，军城西，行钦军城南。而明宗军变，入于魏，与在礼合。行钦闻之，退屯卫州，以明宗反闻。

庄宗遣金枪指挥使①李从璟驰诏明宗计事。从璟，明宗子也。行至卫州，而明宗已反，行钦乃絷②从璟，将杀之；从璟请还京师，乃许之。

明宗自魏县引兵南，行钦率兵趋还京师。从庄宗幸汴州。行至荥泽③，闻明宗已渡黎阳，庄宗复遣从璟通问于明宗，行钦以为不可，因击杀从璟。

明宗入汴州，庄宗至万胜镇不得进，与行钦登道旁冢，置酒，相顾泣下。有野人献雉，问其冢名，野人曰："愁台也。"庄宗益不悦，因罢酒去。西至石桥，置酒野次。庄宗谓行钦曰："卿等从我久，富贵急难无不同也。今兹危蹙，而默默无言，

---

① 金枪，亲卫军名。按：五代时军制，每一军置一指挥使，数军置都指挥使，盖皆统兵之官。
② 絷，zhí，拘囚。
③ 荥泽，在今河南郑州市。

坐视成败。我至荥泽，欲单骑渡河，自求总管，卿等各陈利害。今日俾我至此，卿等何如？"行钦泣而对曰："臣本小人，蒙陛下抚养，位至将相。危难之时，不能报国，虽死无以塞责。"因与诸将百余人，皆解髻①断发，置之于地，誓以死报。君臣相持恸哭。

庄宗还洛阳，数日，复幸汜水②。郭从谦反，庄宗崩，行钦出奔。行至平陆③，为野人所执，送虢州④。刺史石潭折其两足，载以槛车⑤，送京师。明宗见之，骂曰："我儿何负于尔！"行钦瞋目⑥直视曰："先皇帝何负于尔！"乃斩于洛阳市，市人皆为之流涕。

呜呼！死之所以可贵者，以其义不苟生尔。故曰：主在与在，主亡与亡者，社稷之臣也。方明宗

---

① 髻，jì，总发。挽发而束之于顶。
② 汜水，在今河南荥阳市。
③ 平陆，今山西平陆县。
④ 虢州，亦在今平陆县。
⑤ 槛，jiàn，圈，以闲禽兽。槛车，车上施阑槛，以格猛兽之车。亦以囚禁罪人。
⑥ 瞋目，犹怒目。

之兵变于魏，诸将未知去就，而行钦独以反闻，又杀其子从璟，至于断发自誓，其诚节有足嘉矣。及庄宗之崩，不能自决，而反逃死以求生，终于被执而见杀；其言虽不屈，而死非其志也，乌足贵哉①！

李严

李严，幽州人也，初名让坤。事刘守光为刺史。后事庄宗为客省使②。严为人明敏多艺能，习骑射，颇知书而辩。

同光三年，使于蜀，为王衍陈唐兴复功德之盛，音辞清亮，蜀人听之，皆竦③动。衍枢密使宋光嗣召严置酒，从容问中国事。严对曰："前年，天子建大号于邺宫，自郓趋汴，定天下不旬日，而

---

① 《廿二史考异》云："予谓行钦之不负庄宗明矣。其出奔也，安知非志出于复仇？欧阳之论，所谓'责人斯无难'也。"
② 客省使，官名。上有内客省使，下有客省副使。掌四方进奉，及四夷朝贡、牧伯朝觐、酒馔饔饩、宰相近臣禁卫将校节仪、诸州进奉、赐物回诏之事。号为华要，礼均侍从。
③ 竦，sǒng，敬。

唐臣传

梁之降兵犹三十万，东渐^①于海，西极甘^②、凉^③，北慑幽陵^④，南逾闽岭^⑤，四方万里，莫不臣妾。而淮南杨氏^⑥承累世之强，凤翔李公^⑦恃先朝之旧，皆遣子入侍，稽首^⑧称藩。至于荆^⑨、湖^⑩、吴越^⑪，修贡赋，

---

① 渐，流入。
② 甘，今甘肃张掖市。
③ 凉，今甘肃武威市。
④ 幽陵，即幽州，见前《晋家人传·高祖皇后李氏》注。
⑤ 闽岭，谓福建及岭南诸地。
⑥ 淮南杨氏，谓杨行密所立吴国。杨行密，合肥人。初为盗，后为州兵队长，据庐州。唐昭宗拜为淮南节度使，封吴王，悉有淮南、江东地。在位十五年卒。
⑦ 凤翔李公，谓李茂贞。李茂贞，博野人，本姓宋。唐光启初，累拜定武军节度使。后与韩全诲劫昭宗幸凤翔，梁军围之逾年，势迫请和。不敢称帝，但称岐王。庄宗入洛，乃上表称臣。庄宗尊其老，改封秦王。
⑧ 稽首，至敬之礼。其说有二：稽首，拜头至地；顿首，拜头叩地。稽首至地多时，顿首至地则举。又，稽首，头下衡。平衡曰拜，下衡曰稽首，至地曰稽颡。校订者按：衡，胸口。
⑨ 荆，谓高季兴所立荆南政权，亦称南平。高季兴，字贻孙，陕州硖石人，本名季昌。尝数从梁太祖征战，授荆南节度使。唐灭梁，封南平王。卒谥文信。——校订者注。
⑩ 湖，谓马殷所立楚国。马殷，鄢陵人，字霸图。唐僖宗时，为秦宗衡裨将。昭宗时，代刘建封为帅，尽有岭北及桂管之地。梁太祖即位，遣使修贡，拜天策上将军，封楚王。唐庄宗灭梁，殷遣子希范修贡。宫殿官属，均如天子制。卒谥武穆。
⑪ 吴越，见前《安重海传》"钱镠"注。

效珍奇，愿自比于列郡者，至无虚月。天子方怀之以德，而震之以威，天下之势，不得不一也。"光嗣曰："荆、湖、吴越，非吾所知；若凤翔，则蜀之姻亲也。其人反覆，其可信乎？又闻契丹日益强盛，大国其可无虑乎？"严曰："契丹之强，孰与伪梁？"光嗣曰："比梁差劣尔！"严曰："唐灭梁如拉朽①，况其不及乎？唐兵布天下，发一镇之众，可以灭虏，使无类。然而天生四夷，不在九州②之内，自前古王者，皆存而不论，盖不欲穷兵黩武③也。"蜀人闻严应对，愈益奇之。

是时，蜀之君臣皆庸暗，而恃险自安，穷极奢僭④。严自蜀还，具言可取之状。初，庄宗遣严以名马入蜀，市珍奇以充后宫。而蜀法严禁以奇货出剑门⑤，其非奇物而出者，名曰"入草物"。由是严无

---

① 拉朽，谓如拉朽木，极言其易。
② 古分天下为九州：兖、冀、青、徐、豫、荆、扬、雍、梁。后人以为中国之代称。
③ 黩武，言滥用兵。
④ 僭，jiàn，假，拟。谓在下者之假借比拟其上。
⑤ 剑门，山名，在四川剑阁县北，为入蜀险要。又县名，在剑阁县东北。

所得而还，惟得金二百两，地衣①、毛布之类。庄宗闻之，大怒曰："物归中国，谓之'入草'，王衍其能免为'入草人'乎？"于是决议伐蜀。

冬，魏王继岌西伐，以严为三川招抚使，与康延孝以兵五千先行，所过州县皆迎降。延孝至汉州②，王衍告曰："得李严来即降。"众皆以伐蜀之谋自严始，而衍怨严深，不宜往。严闻之，喜，即驰骑入益州③。衍见严，以妻母为托，即日以蜀降。严还，明宗以为泗州④防御使，客省使如故。

其后孟知祥屈强于蜀，安重海稍裁抑之，思有以制知祥者，严乃求为西川兵马都监⑤。将行，其母曰："汝前启破蜀之谋，今行，其以死报蜀人矣！"严不听。初，严与知祥同事庄宗，时知祥为中门使。严尝有过，庄宗怒甚，命斩之。知祥戒行刑者少缓，入白庄宗曰："严小过，不宜以喜怒杀人，恐失士大夫心。"庄宗怒稍解，命知祥监笞严

---

① 地衣，毡属，以覆地者。
② 汉州，在今四川广汉市。
③ 益州，今四川成都市。
④ 泗州，在今安徽泗县。
⑤ 兵马都监，官名，掌本军禁旅、屯戍、边防、训练之政令。

二十而释之。知祥虽与严有旧恩，而恶其来；蜀人闻严来，亦皆恶之。严至，知祥置酒，从容问严曰："朝廷以公来邪？公意自欲来邪？"严曰："君命也。"知祥发怒曰："天下藩镇皆无监军，安得尔独来此！此乃孺子荧惑[①]朝廷尔！"即擒斩之，明宗不能诘也。知祥由此遂反。

刘延朗

刘延朗，宋州虞城[②]人也。初，废帝起于凤翔，与共事者五人：节度判官[③]韩昭胤，掌书记[④]李专美，牙将宋审虔，客将[⑤]房暠，而延朗为孔目官[⑥]。

初，愍帝即位，徙废帝为北京[⑦]留守，不降制

---

① 荧，疑惑。荧惑，言炫惑人心。
② 虞城，今河南虞城县。
③ 判官，官名，唐置。如节度、观察、防御诸使，皆有判官。节度判官，掌判仓、兵、骑、胄四曹事。
④ 掌书记，官名，省称书记，掌撰文字。
⑤ 客将，对主将而言，亦领兵官。
⑥ 孔目官，官名，掌勾稽文牍。
⑦ 唐以并州为北京。并州，见前《晋家人传·高祖皇后李氏》注。

书，遣供奉官赵处愿促帝上道。帝疑惑，召昭胤等计议。昭胤等皆劝帝反。由是事无大小，皆此五人谋之。而嵩又喜鬼神巫祝①之说。有瞽者张濛，自言事太白山神。神，魏崔浩也。其言吉凶无不中，嵩素信之。尝引濛见帝，闻其语声，惊曰："此非人臣也！"嵩使濛问于神，神传语曰："三珠并一珠，驴马没人驱。岁月甲庚午，中兴戊己土。"嵩不晓其义，使问濛，濛曰："神言如此，我能传之，不能解也。"帝即以濛为馆驿巡官②。

帝将反，而兵少，又乏食，由此甚惧，使嵩问濛。濛传神语曰："王当有天下，可无忧！"于是决反，使专美作檄书，言："朱弘昭、冯赟幸明宗病，杀秦王而立愍帝。帝年少，小人用事，离间骨肉③，将问罪④于朝。"遣使者驰告诸镇，皆不应，独

---

① 巫，以舞降神，为人祈祷者。祝，以言告神，为人祈福者。
② 巡官，节度使之僚属，位在判官、推官之次。
③ 从珂与愍帝为兄弟，故称骨肉。按：从珂为明宗养子。又秦王从荣与明宗为父子，与愍帝为兄弟，而朱弘昭等杀从荣，故亦可谓离间骨肉。
④ 问罪，言声其罪而讨之。

陇州①防御使相里金②遣其判官薛文遇计事。帝得文遇，大喜。而延朗调率③城中民财以给军。

王思同④率诸镇兵围凤翔，废帝惧，又遣鼂问神。神曰："王兵少，东兵来，所以迎王也。"已而东兵果叛降于帝。

帝入京师，即位之日，受册明宗柩前。册曰："维应顺⑤元年岁次甲午四月庚午朔……。"帝回顾鼂曰："张濛神言，岂不验哉！"由是鼂益见亲信，而专以巫祝用事。

帝既立，以昭胤为左谏议大夫⑥、端明殿学士，专美为比部郎中⑦、枢密院直学士，审虔为皇城使⑧，鼂为宣徽北院使，延朗为庄宅使⑨。久之，以昭胤、

---

① 陇州，在今陕西陇县。
② 相里金，并州人，字奉金。为人勇悍而能折节下士。同光中，拜忻州刺史。入晋，拜保义军节度使，卒。
③ 调，征发。率，敛。
④ 王思同，详《死事传》。
⑤ 应顺，愍帝年号。
⑥ 谏议大夫，官名。省称谏议。掌议论，属门下省。
⑦ 比部，官署名，掌诏书律令勾检等事。郎中，为一部中诸司之长官。
⑧ 皇城使，守卫皇城诸门之官。
⑨ 庄宅使，守卫庄宅之官。

昫为枢密使，延朗为副使，审虔为侍卫步军都指挥使，而薛文遇亦为职方郎中①、枢密院直学士。由是审虔将兵，专美、文遇主谋议，而昭胤、昫及延朗掌机密。

初，帝与晋高祖俱事明宗，而心不相悦。帝既入立，高祖不得已来朝，而心颇自疑，欲求归镇，且难言之，乃阳为羸②疾，灸灼③满身，冀帝怜而遣之。延朗等多言敬瑭可留京师。昭胤、专美曰："敬瑭与赵延寿皆尚唐公主，不可独留。"乃复授高祖河东而遣之。

是时，契丹数寇北边，以高祖为大同④、振武⑤、威塞⑥、彰国⑦等军蕃汉马步军都总管，屯于忻州。而屯兵忽变，拥高祖呼"万岁"。高祖惧，斩三十余人而后止。于是帝益疑之。

---

① 职方郎中，官名。掌天下之地图，主四方之职贡。
② 羸，léi，瘠，又疲弱。
③ 灸，治病之法，以艾燃火，按而灼之。灼，炙，烧。
④ 大同，治云州，见前《元行钦传》注。
⑤ 振武，见前《周德威传》注。
⑥ 威塞，治新州，今河北张家口市。
⑦ 彰国，治应州，见前《安重海传》注。

是时，高祖悉握精兵在北，馈运刍粮，远近劳弊。帝与延朗等日夕谋议；而专美、文遇迭宿中兴殿庐，召见访问，常至夜分^①而罢。

是时，高祖弟重胤为皇城副使，而石氏公主母曹太后居中，因得伺帝动静言语，以报高祖，高祖益自危惧。每帝遣使者劳军，即阳为羸疾不自堪，因数求解总管以探帝心。

是时，帝母魏氏追封宣宪皇太后，而墓在太原，有司议立寝宫。高祖建言陵与民家墓相杂，不可立宫。帝疑高祖欲毁民墓，为国取怨，帝由此发怒，罢高祖总管，徙郓州。延朗等多言不可，而司天赵延义^②亦言天象失度，宜安静以弭^③灾，其事遂止。

后月余，文遇独值，帝夜召之，语罢敬瑭事，文遇曰："臣闻'作舍道边，三年不成^④'。国家之

---

① 夜分，夜半。
② 赵延义，秦州人，字子英。以术数仕蜀为司天监。蜀亡，仕唐为星官。契丹灭晋，延义随虏至镇州。后归汉，为司天监，卒。
③ 弭，息，止。
④ 《诗经·小雅·小旻》："如彼筑室于道谋，是用不溃于成。"喻人作事不能果决而谋于路人，不能望有成。文意本此。

事，断在陛下。且敬瑭徒亦反，不徒亦反，迟速尔，不如先事图之。"帝大喜曰："术者①言朕今年当得一贤佐以定天下，卿其是邪？"乃令文遇手书除目②，夜半下学士院草制。明日宣制，文武两班皆失色。居五六日，敬瑭以反闻。

敬瑭上书，言帝非明宗子，而许王从益次当立。帝得书，大怒，手坏而投之。召学士马胤孙为答诏，曰："宜以恶语诋③之！"延朗等请帝亲征，帝心忧惧。常恶言敬瑭事，每戒人曰："尔无说石郎，令我心胆坠地！"由此不欲行。而延朗等屡迫之，乃行。

至怀州，帝夜召李崧问以计策。文遇不知而继至，帝见之色变。崧蹑其足，文遇乃出。帝曰："我见文遇肉颤，欲抽刀刺之。"崧曰："文遇小人，致误大事，刺之益丑。"乃已。

是时，契丹已立敬瑭为天子，以兵而南，帝惶

---

① 后世称方技之士曰术者，犹古之方士。
② 除目，授官之诏书。
③ 诋，毁辱。

惑不知所之。遣审虔将千骑至白马坡①踏战地,审虔曰:"何地不堪战?虽有其地,何人肯立于此?不如还也。"帝遂还,自焚。高祖入京师,延朗等六人皆除名为民。

初,延朗与嵩并掌机密,延朗专任事。诸将当得州者,不以功次为先后,纳赂多者得善州,少及无赂者得恶州,或久而不得,由是人人皆怨。嵩心患之,而不能争也,但日饱食高枕而已。每延朗议事,则垂头阳睡不省。及晋兵入,延朗以一骑走南山,过其家,指而叹曰:"吾积钱三十万于此,不知何人取之!"遂为追兵所杀。晋高祖闻嵩常不与延朗事,哀之,后复以为将。岁余卒。专美事晋为大理卿②,开运中卒。当晋之将起,废帝以昭胤为中书侍郎、同中书门下平章事,出为河阳节度使,与审虔、文遇皆不知其所终。

呜呼!祸福成败之理,可不戒哉!张濛神言验矣,然焉知其不为祸也?予之所记,大抵如此,览

---
① 白马坡,按当在今河北南境。
② 大理卿,掌刑法之官,相当于最高法院院长。

者可以深思焉！废帝之起，所与图议者，此五六人而已。考其逆顺之理，虽有智者为之谋，未必能不败，况如此五六人者哉？故并述以附延朗，见其始终之际云。

康义诚

康义诚，字信臣，代北三部落人也。以骑射事晋王，庄宗时为突骑[①]指挥使。从明宗讨赵在礼，至魏而军变，义诚前陈庄宗过失，劝明宗南向。明宗即位，迁捧圣指挥使，领汾州刺史。从破朱守殷，迁侍卫亲军马步军都指挥使，领河阳三城节度使。出为山南东道节度使。复为亲军都指挥使，领河阳，加同中书门下平章事。

秦王从荣素骄，自为河南尹，典[②]六军，拜大元帅，唐诸大臣皆惧祸及，思自脱；独义诚心结[③]之，遣其子事秦王府。明宗病，从荣谋以兵入宫，唐大臣朱弘昭、冯赟等皆以为不可，而义诚独持两

---

① 突骑，京城诸军名，为天子亲军。
② 典，守。主其事曰典。
③ 结，缔。心结，谓专心与之结合。

端①。从荣已举兵，至天津桥，弘昭等入，以反白，明宗涕泣召义诚，使自处置，而义诚卒不出兵。马军指挥使②朱弘实以兵击从荣，从荣败走，见杀。

三司使③孙岳④尝为冯赟言从荣必败之状，义诚闻而不悦。及从荣死，义诚始引兵入河南府，召岳检阅从荣家赀。岳至，义诚乘乱，使人射之。岳走至通利坊见杀，明宗不能诘。

义诚已杀岳，又以从荣故，与弘实有隙。愍帝即位，弘实常以诛从荣功自负，义诚心益不平。潞王从珂反凤翔，王思同率诸镇兵围之，兴元⑤张虔钊⑥兵叛降从珂，思同走，诸镇兵皆溃。愍帝大怒，谓朱弘昭等曰："朕新即位，天下事皆出诸公，然于事兄，未有失节，诸公以大计见迫，不能独违。事一至此，何方转祸？吾当率左右往迎吾兄，逊以

---

① 两端，谓左右不定。
② 马军指挥史，官名。掌五城兵马，专司京都防禁事宜。
③ 三司使，掌盐铁、度支、户部三司，理财之官，位在崇政使下。
④ 孙岳，冀州人。强干有才用，历官阆州团练使，后至三司使。
⑤ 兴元，在今陕西汉中市区。
⑥ 张虔钊，辽州人。为山南西道节度使，后奔蜀。广政初，为中书令，充北面行营招讨使。拒侯益，以势孤遁还，忿惭死。

位^①；苟不吾信，死其所也！"弘昭等惶恐不能对。义诚前曰："西师惊溃，主将怯耳！今京师兵尚多，臣请尽将以西，扼关而守，招集亡散，以为后图。"愍帝以为然。幸左藏库^②，亲给将士人绢二十匹、钱五千。是时，明宗山陵未毕，帑藏空虚。军士负物扬言曰："到凤翔更请一分！"朱弘实见军士无斗志，而义诚尽将以西，疑其二心，谓义诚曰："今西师小衄^③而无一骑东者，人心可知。不如以见兵守京师以自固，彼虽幸胜，特得虔钊一军耳；诸镇之兵在后，其敢径来邪？"义诚怒曰："如此言，弘实反矣！"弘实曰："公谓谁欲反邪！"其声厉而闻。愍帝召两人，争于前，帝不能决，遂斩弘实，以义诚为招讨使，悉将禁军以西。

愍帝奔卫州，义诚行至新安^④，降于从珂。清泰元年四月，斩于兴教门外，夷^⑤其族。

---

① 逊，辞避。逊以位，去其职位。
② 藏，蓄。藏库，谓府库。
③ 衄，nǜ，败绩。
④ 新安，今河南新安县。
⑤ 夷，诛灭。

任圜

　　任圜，京兆①三原②人也。为人明敏，善谈辩，见者爱其容止，及闻其论议纵横，益皆悚动。

　　李嗣昭节度昭义③，辟④圜观察支使。梁兵筑夹城围潞州，逾年而晋王薨，晋兵救潞者皆解去。嗣昭危甚，问圜去就之计，圜劝嗣昭坚守以待，不可有二心。已而庄宗攻破梁夹城，闻圜为嗣昭画守计，甚嘉之，由是益知名。其后嗣昭与庄宗有隙，圜数奉使往来，辨释谗构，嗣昭卒免于祸，圜之力也。嗣昭从庄宗战胡柳，击败梁兵，圜颇有功。庄宗劳之曰："儒士亦破体邪？仁者之勇，何其壮也！"

　　张文礼弑王镕，庄宗遣嗣昭讨之，嗣昭战殁，圜代将其军，号令严肃。既而文礼子处球等闭城坚

---

① 京兆，地名。犹言京师。今陕西西安市长安区以东，至渭南市华州区之地。
② 三原，今陕西三原县。
③ 昭义，治潞州，见前《郭崇韬传》注。
④ 辟，征召。

守，不可下，圜数以祸福谕镇人，镇人信之。圜尝拥兵至城下，处球登城呼圜曰："城中兵食俱尽，而久抗王师，若泥首①自归，惧无以塞责；幸公见哀，指其生路！"圜告之曰："以子先人，固难容贷；然罚不及嗣，子可从轻。其如拒守经年，伤吾大将②；一朝困竭，方布款③诚；以此计之，子亦难免。然坐而待毙，曷若伏而俟命？"处球涕泣曰："公言是也！"乃遣子送状乞降。人皆称圜其言不欺。既而他将攻破镇州，处球虽见杀，而镇之吏民以尝乞降故，得保其家族者甚众。

其后以镇州为北京，拜圜工部尚书④，兼真定⑤尹、北京副留守，知留守事⑥。为政有惠爱。

明年，郭崇韬兼领成德军节度使，改圜行军司马，仍知真定府事。圜与崇韬素相善，又为其司马，崇韬因以镇州事托之，而圜多所违异。

---

① 泥首，顿首至地。
② 张文礼败兵射死李嗣昭，故云。
③ 款，诚。
④ 工部尚书，官名。主工役，掌营造之事。
⑤ 真定，今河北正定县。
⑥ 知，主。知留守事，官名，主管留守事务，所谓行留守事。

初，圜推官①张彭为人倾险贪黩②，圜不能察，信任之，多为其所卖。及崇韬领镇，彭为圜谋隐公廨钱③。庄宗遣宦者选故赵王时宫人百余，有许氏者，尤有色，彭赂守者匿之。后事觉④，召彭诣京师，将罪之，彭惧，悉以前所隐公钱簿书献崇韬，崇韬深德彭，不杀，由是与圜有隙。

同光三年，圜罢司马，守⑤工部尚书。

魏王继岌暨崇韬伐蜀，惧圜攻己于后，乃辟圜参魏王军事。蜀灭，表圜黔南⑥节度使，圜恳辞不就。继岌杀崇韬，以圜代将其军而旋。

康延孝反，继岌遣圜将三千人，会董璋、孟知祥等兵，击败延孝于汉州。而魏王先至渭南⑦，自杀，圜悉将其军以东。明宗嘉其功，拜圜同中书门下平章事，兼判三司。是时，明宗新诛孔

---

① 推官，官名。节度、观察两使之下均设推官，以为僚属。
② 黩，贪。
③ 公廨钱，官之公费，此钱皆敛于民。
④ 事觉，犹言舞弊为上官察觉。
⑤ 守，主管其事。
⑥ 黔南，今阙，按当在贵州境。
⑦ 渭南，今陕西渭南市。

谦①，圜选辟才俊，抑绝侥幸，公私给足②，天下便之。

是秋，韦说、豆卢革罢相，圜与安重诲、郑珏③、孔循④议择当为相者。圜意属李琪⑤，而珏、循雅不欲琪为相，谓重诲曰："李琪非无文艺，但不廉耳！宰相，端方有器度者足以为之，太常卿崔协⑥可也。"重诲以为然。他日，明宗问谁可相者，重诲即以协对。圜前争曰："重诲未谙朝廷人物，为人所卖。天下皆知崔协不识文字，而虚有仪表，号为'没字碑'。臣以陛下误加采擢，无功幸

① 孔谦，魏州人。庄宗时为租庸使，以聚敛为天下所怨苦。明宗立，暴谦罪诛之。
② 给，足。公私给足，言君民均足。
③ 郑珏，綮诸孙。唐末举进士，位监察御史。入梁，拜左补阙，末帝时，以中书侍郎同平章事。庄宗入汴，珏迎谒道左，贬莱州司户参军，复召为太子宾客。明宗时，拜平章事。病聋，致仕卒。
④ 孔循，不知其世家，初冒朱姓，又冒赵姓，名殷衡。梁太祖以为副使。入梁，始改姓名。为人柔佞而险猾。明宗时，终横海节度使。
⑤ 李琪，珽弟，字台秀。少举进士博学弘词。唐亡，事梁太祖为翰林学士，末帝时作相。唐庄宗时为国计使，明宗时为御史中丞，迁尚书右仆射，以太子少傅致仕。
⑥ 崔协，字思化。事梁至吏部侍郎，同光初，改御史中丞。气宇宏爽，高谈虚理。然少识文字，虚有其表，秉笔皆假手于人，时人谓之"没字碑"。天成初，拜平章事，卒谥恭靖。

进，此不知书，以臣一人取笑足矣，相位有几，岂容更益笑端！"明宗曰："宰相重位，卿等更自详审。然吾在藩时，识易州刺史韦肃，世言肃名家子，且待我甚厚，置之此位，可乎？肃或未可，则冯书记先朝判官，称为长者，可以相矣！"冯书记者，道也。议未决，重海等退休于中兴殿廊下。孔循不揖，拂衣而去，行且骂曰："天下事一则任圜，二则任圜，圜乃何人！"圜谓重海曰："李琪才艺，可兼时辈百人，而谗夫巧沮①，忌害其能；若舍琪而相协，如弃苏合之丸②而取蜣螂之转③也。"重海笑而止。然重海终以循言为信，居月余，协与冯道皆拜相。协在相位数年，人多嗤其所为。然圜与重海交恶，自协始。

故时使臣出四方，皆自户部给券。重海奏请自内出，圜以故事争之，不能得，遂与重海辨于帝

---

① 沮，止。
② 苏合，落叶乔木。叶作掌状分裂，有长柄，互生，花小而单性，丛聚为头状，雌雄同株。由树皮中取得树胶，是为苏合香。以入药，制丸名苏合丸。味香，可杀虫。
③ 蜣螂，甲虫名。背有坚甲，全身黑如漆，好以人畜之粪推转成丸。所谓"蜣螂之转"，即指此。

前，圜声色俱厉。明宗罢朝，后宫嫔御迎前问曰："与重诲论者谁？"明宗曰："宰相也。"宫人奏曰："妾在长安，见宰相奏事，未尝如此，盖轻大家耳！"明宗由是不悦，而使臣给券卒自内出。圜益愤沮。重诲尝过圜，圜出妓，善歌而有色，重诲欲之，圜不与，由是二人益相恶。而圜遽求罢职，乃罢为太子少保。圜不自安，因请致仕，退居于磁州。

朱守殷反于汴州，重诲诬圜与守殷连谋，遣人矫制杀之。圜受命怡然，聚族酣饮而死。明宗知而不问，为下诏，坐圜与守殷通书而言涉怨望。愍帝即位，赠圜太傅。

晋臣传

桑维翰

桑维翰，字国侨，河南人也。为人丑怪，身短而面长。常临鉴[1]以自奇曰："七尺之身，不如一尺之面。"慨然有志于公辅[2]。初举进士，主司恶其姓，以"桑""丧"同音。人有劝其不必举进士，可以从他求仕者，维翰慨然，乃著《日出扶桑赋》以见志。又铸铁砚以示人曰："砚弊则改而他仕。"卒以进士及第。晋高祖辟为河阳节度掌书记，其后常以自从。

高祖自太原徙天平[3]，不受命，而有异谋。以问

---

[1] 鉴，镜。
[2] 公，谓三公；辅，谓辅相。
[3] 天平，治郓州，见前《元贞皇后张氏传》注。

将佐，将佐皆恐惧不敢言，独维翰与刘知远①赞成之。因使维翰为书求援于契丹。耶律德光已许诺，而赵德钧②亦以重赂啖③德光，求助己以篡唐。高祖惧事不果，乃遣维翰往见德光，为陈利害甚辩。德光意乃决，卒以灭唐而兴晋，维翰之力也。高祖即位，以维翰为翰林学士、礼部侍郎、知枢密院事，迁中书侍郎、同中书门下平章事，兼枢密使。天福四年，出为相州节度使。岁余，徙镇泰宁。

吐浑④白承福为契丹所迫，附镇州安重荣⑤以归晋。重荣因请与契丹绝好，用吐浑以攻之。高祖重

---

① 刘知远，即后汉高祖。
② 赵德钧，幽州人，本名行实。唐庄宗赐名绍斌，后改名德钧。镇幽州凡十余年，有善政。高祖起于晋阳，契丹兵至太原，唐末帝诏德钧邀击之。德钧迟疑不从，通款契丹，求立以为帝，仍许晋高祖长镇太原。契丹不许，遂降焉。
③ 啖，以利引诱。
④ 吐浑，即吐谷浑，国名。吐，tǔ。谷，yù。其可汗居伏俟城，在青海西。其地东西三千里，南北千里，今青海及四川松潘县皆其故地。
⑤ 安重荣，朔州人，小字铁胡。初为振武巡边指挥使。高祖起太原，以十骑叛归。高祖即位，拜成德军节度使。时高祖与契丹约为父子，重荣愤然数以非诮。后叛于邺，高祖遣杜重威击之。战败，被斩。

违①重荣，意未决。维翰上疏言契丹未可与争者七。高祖召维翰使者至卧内，谓曰："北面之事，方挠吾胸中，得卿此疏，计已决矣，可无忧也。"

维翰又劝高祖幸邺都。七年，高祖在邺，维翰来朝，徙镇晋昌②。

出帝即位，召拜侍中。而景延广用事，与契丹绝盟，维翰言不能入，乃阴使人说帝曰："制契丹而安天下，非用维翰不可。"乃出延广于河南，拜维翰中书令，复为枢密使，封魏国公。事无巨细，一以委之。数月之间，百度寖理。

初，李瀚③为翰林学士，好饮而多酒过，高祖以为浮薄。天福五年九月，诏废翰林学士，按《唐六典》归其职于中书舍人④，而端明殿学士、枢密院学士皆废。及维翰为枢密使，复奏置学士，而悉用亲旧为之。

---

① 重，更。违，背。重违，即违而更之之意，实即依从。校订者按：重违，犹难违。
② 晋昌，治雍州，即今陕、甘地。
③ 李瀚，李勉族人，有《蒙求集注》。
④ 中书舍人，官名。诏掌诰、制、敕，属中书省。

晋臣传

维翰权势既盛，四方赂遗，岁积钜万。内客省使李彦韬①、端明殿学士冯玉用事，共谗之。帝欲骤黜维翰，大臣刘昫②、李崧皆以为不可。卒以玉为枢密使，既而以为相，维翰日益见疏。

帝饮酒过度得疾，维翰遣人阴白太后，请为皇弟重睿置师傅。帝疾愈，知之，怒，乃罢维翰以为开封尹。维翰遂称足疾，稀复朝见。

契丹屯中渡③，破栾城④，杜重威等大军隔绝。维翰曰："事急矣！"乃见冯玉等计事，而谋不合。又求见帝，帝方调鹰于苑中，不暇见。维翰退而叹曰："晋不血食⑤矣！"

自契丹与晋盟，始成于维翰，终败于景延广。故自兵兴，契丹凡所书檄，未尝不以此两人为言。

---

① 李彦韬，太原人。隶高祖帐下，以纤巧承委用。后为宣徽南院使，遥领陈州节度。与宦官近臣缔结，致外情不通，陷少帝于危亡。卒于幽州。
② 刘昫，归义人，字曜远。天福中为东都留守，开运中拜司空、同平章事。以目疾乞休，罢为太保，卒。
③ 中渡，按当在河北中部。
④ 栾城，今河北栾城县。
⑤ 血食，享祭。古者取血胉以祭，故云。

耶律德光犯京师，遣张彦泽遗太后书，问此两人在否，可使先来。而帝以维翰尝议毋绝盟而己违之也，不欲使维翰见德光，因讽彦泽图之，而彦泽亦利其赀产。维翰状貌既异，素以威严自持，晋之老将大臣，见者无不屈服。彦泽以骁捍自矜，每往候之，虽冬月未尝不流汗。初，彦泽入京师，左右劝维翰避祸。维翰曰："吾为大臣，国家至此，安所逃死邪！"安坐府中不动。彦泽以兵入，问："维翰何在？"维翰厉声曰："吾晋大臣，自当死国，安得无礼邪！"彦泽股栗①不敢仰视。退而谓人曰："吾不知桑维翰何如人，今日见之，犹使人恐惧如此，其可再见乎？"乃以帝命召维翰。维翰行，遇李崧，立马而语。军吏前白维翰，请赴侍卫司狱②。维翰知不免，顾崧曰："相公③当国，使维翰独死！"崧惭不能对。是夜，彦泽使人缢杀之，以帛加颈，告德光曰："维翰自缢。"德光曰："我本无心杀维翰，维翰何必自致。"德光至京师，使人检

---

① 股栗，髀脚战摇。意谓恐惧之甚。
② 侍卫司狱，狱名，天子之禁狱。
③ 相公，宰相之称。

其尸，信为缢死。乃以尸赐其家，而赀财悉为彦泽所掠。

景延广

景延广，字航川，陕州人也。父建，善射，尝教延广曰："射不入铁，不如不发。"由是延广以挽强①见称。事梁邵王友诲②，友诲谋反被幽，延广亡去。后从王彦章战中都，彦章败，延广身被数创，仅以身免。

明宗时，朱守殷以汴州反。晋高祖为六军副使，主诛从守殷反者，延广为汴州军校，当诛。高祖惜其才，阴纵之使亡，后录以为客将。高祖即位，以为侍卫步军都指挥使，领果州③团练使，徙领宁江军④节度使。天福四年，出镇义成，又徙保义，复召为侍卫马步军都虞候，徙镇河阳三城⑤，迁

---

① 挽强，谓能挽强弓。
② 友诲，全昱子，详前《广王全昱传》。
③ 果州，今四川南充市。
④ 宁江军，治夔州，今重庆市奉节县。
⑤ 河阳三城，治孟州，即今河南孟州市境。

马步军都指挥使，领天平。

高祖崩，出帝立，延广有力，颇伐其功①。初，出帝立，晋大臣议告契丹，致表称臣。延广独不肯，但致书称孙②而已。大臣皆知其不可而不能夺。契丹果怒，数以责晋。延广谓契丹使者乔莹曰："先皇帝北朝所立，今天子中国自册，可以为孙，而不可为臣。且晋有横磨大剑十万口，翁要战，则来，他日不禁孙子，取笑天下。"莹知其言必起两国之争，惧后无以取信也，因请载于纸，以备遗忘。延广敕吏具载以授莹，莹藏其书衣领中以归，具以延广语告契丹，契丹益怒。

天福八年秋，出帝幸大年庄③还，置酒延广第。延广所进器服、鞍马、茶床、椅榻皆裹金银，饰以龙凤。又进帛五千匹，绵一千四百两，马二十二匹，玉鞍、衣袭、犀玉、金带等，请赐从官，自皇弟重睿，下至伴食刺史、重睿从者各有差。帝亦赐

---

① 按《通鉴》：天福七年七月，加延广同平章事。开运元年四月，加兼侍中。出为西京留守。传皆失书。
② 石敬瑭对契丹称儿，故出帝称孙。
③ 大年庄，按当在河南洛阳市附近。

延广及其母、妻、从事、押衙、孔目官等称是。时天下旱蝗,民饿死者岁十数万,而君臣穷极奢侈以相夸尚如此。

明年春,契丹入寇。延广从出帝北征,为御营使,相拒澶、魏之间。先锋石公霸遇虏于戚城①,高行周、符彦卿②兵少不能救,驰骑促延广益兵。延广按兵不动,三将被围数重,帝自御军救之。三将得出,皆泣诉。然延广方握亲兵,恃功恣横,诸将皆由其节度,帝亦不能制也。契丹尝呼晋人曰:"景延广唤我来,何不速战?"是时,诸将皆力战,而延广未尝见敌。契丹已去,延广独闭壁不敢出。

自延广一言而契丹与晋交恶,凡号令征伐,一出延广,晋大臣皆不得与。故契丹凡所书檄,未尝不以延广为言。契丹去,出帝还京师,乃出延广为河南尹,留守西京。明年,出帝幸澶渊③,以延广从,皆无功。

---

① 戚城,按当在河北大名县左右。
② 符彦卿,字冠侯。历唐、晋、汉、周,累官吉州刺史、天雄军节度使,拜太傅,封魏王。入宋,加守太师。辽人甚畏之,称为符王。
③ 澶渊,亦曰繁渊,在河南濮阳市西南。

延广居洛阳，郁郁不得志。见晋日削，度必不能支契丹，乃为长夜之饮，大治第宅，园置妓乐，惟意所为。

后帝亦追悔，遣供奉官张晖[①]奉表称臣以求和。德光报曰："使桑维翰、景延广来，而割镇、定与我，乃可和。"晋知其不可，乃止。契丹至中渡，延广屯河阳，闻杜重威降，乃还。

德光犯京师，行至相州，遣骑兵数千杂晋军渡河趋洛，以取延广，戒曰："延广南奔吴，西走蜀，必追而取之。"而延广顾虑其家，未能引决，虏骑奄至，乃与从事阎丕驰骑见德光于封丘，并丕见锁。延广曰："丕，臣从事也，以职相随，何罪而见锁？"丕乃得释。德光责延广曰："南北失欢，皆因尔也。"召乔莹质其前言，延广初不服，莹从衣领中出所藏书，延广乃服。因以十事责延广，每服一事，授一牙筹。授至八筹，延广以面伏地，不能仰视，遂叱而锁之。

[①] 张晖，大城人。历仕唐、晋、汉、周，官至冀州刺史。入宋，以军功累官西川行营先锋都指挥使。

将送之北行，至陈桥①，止民家。夜分，延广伺守者怠，引手扼吭而死，时年五十六。汉高祖时，赠侍中。

呜呼！自古祸福成败之理，未有如晋氏之明验也！其始以契丹而兴，终为契丹所灭。

然方其以逆抗顺，大事未集，孤城被围，外无救援，而徒将一介之命，持片舌之强，能使契丹空国兴师，应若符契，出危解难，遂成晋氏，当是之时，维翰之力为多。及少主新立，衅结兵连，败约起争，发自延广。

然则晋氏之事，维翰成之，延广坏之，二人之用心者异，而其受祸也同，其故何哉？盖夫本末不顺而与夷狄共事者，常见其祸，未见其福也。可不戒哉！可不戒哉！

---

① 陈桥，驿名，今为镇，在河南封丘县东南。

汉臣传

苏逢吉

苏逢吉，京兆长安人也。汉高祖镇河东，父悦为高祖从事，逢吉常代悦作奏记，悦乃言之高祖。高祖召见逢吉，精神爽秀，怜之，乃以为节度判官。

高祖性素刚严，宾佐稀得请见。逢吉独入，终日侍立高祖书阁中。两使文簿盈积，莫敢通；逢吉辄取内①之怀中，伺高祖色可犯时以进之。高祖多以为可，以故甚爱之。

然逢吉为人贪诈无行，喜为杀戮。高祖尝以生日遣逢吉疏理狱囚以祈福，谓之"静狱"。逢吉

---

① 内，通"纳"，收进。

入狱中阅囚,无轻重曲直悉杀之,以报曰:"狱静矣!"

高祖建号,拜逢吉中书侍郎、同中书门下平章事。是时,制度草创,朝廷大事,皆出逢吉,逢吉以为己任。然素不学问,随事裁决,出其意见。是故汉世尤无法度,而不施德政,民莫有所称焉。

高祖既定京师,逢吉与苏禹珪①同在中书,除吏多违旧制。逢吉尤纳货赂,市权鬻②官,谤者諠哗。然高祖方倚信二人,故莫敢有告者。

凤翔李永吉③初朝京师,逢吉以永吉故秦王从曮④子,家世王侯,当有奇货,使人告永吉,许以一州,而求其先王玉带,永吉以无为解。逢吉乃使人市一玉带,直数千缗,责永吉偿之。前客省使王筠⑤自晋末使楚,至是还。逢吉意筠得楚王重赂,

---

① 苏禹珪,高密人,字元锡。汉高祖作镇并门,奏为兼判,累官尚书左仆射,与苏逢吉等受顾命,立少主。周太祖入立,加守司空。世宗嗣位,封莒国公,受代归,卒。
② 鬻,卖。
③ 李永吉,见《李茂贞传》注。
④ 从曮,见《李茂贞传》。
⑤ 王筠,至从子,字元礼,一字德柔,小字养。精静好学,擅才名。

遣人求之，许以一州；筠怏怏，以其橐装之半献之。而皆不得州。

晋相李崧从契丹以北，高祖入京师，以崧第赐逢吉。而崧别有田宅在西京，逢吉遂皆取之。崧自北还，因以宅券献逢吉。逢吉不悦，而崧子弟数出怨言。其后，逢吉乃诱人告崧与弟屿、巘等，下狱。崧款自诬伏："与家僮二十人，谋因高祖山陵为乱。"狱中上书，逢吉改"二十人"为"五十人"，遂族崧家。

是时，天下多盗，逢吉自草诏书下州县，凡盗所居本家及邻保皆族诛。或谓逢吉曰："为盗族诛，已非王法，况邻保乎？"逢吉吝以为是，不得已，但去族诛而已。于是郓州捕贼使者张令柔尽杀平阴县①十七村民数百人。卫州刺史叶仁鲁闻部有盗，自帅兵捕之。时村民十数共逐盗，入于山中，盗皆散走。仁鲁从后至，见民捕盗者，以为贼，悉擒之，断其脚筋，暴之山麓，宛转号呼，累日而死。闻者不胜其冤，而逢吉以仁鲁为能。由是天下因盗

---

① 平阴县，今山东平阴县。

杀人滋滥。

逢吉已贵，益为豪侈，谓中书堂食为不可食，乃命家厨进羞①，日极珍善。继母死，不服丧。妻武氏卒，讽百官及州镇皆输绫绢为丧服。武氏未期②，除其诸子为官。有庶兄自外来，未白逢吉而见其诸子，逢吉怒，托以它事，告于高祖，杖杀之。

逢吉尝从高祖征邺，数使酒辱周太祖于军中，太祖恨之。其后隐帝立，逢吉素善李涛③，讽涛请罢太祖与杨邠枢密。李太后怒涛离间大臣，罢涛相，以杨邠兼平章事，事悉关决。逢吉、禹珪由是备位④而已。乾祐⑤二年，加拜司空。

周太祖镇邺，不落枢密使，逢吉以谓"枢密之任，方镇带之非便"，与史弘肇争，于是卒如弘肇议。弘肇怨逢吉异己，已而会王章⑥第，使酒坐中，

---

① 食物之有滋味者曰羞。
② 期，jī，一周年。
③ 李涛，京兆万年人，字信臣。历仕五代，宋初拜兵部尚书。
④ 备位，犹言充数。
⑤ 乾祐，汉高祖年号。
⑥ 王章，南乐人。累拜三司使、检校太尉。隐帝即位，加太尉、同平章事。征利剥下，民甚苦之，尤不喜文士。后坐事族诛。

弘肇怒甚。逢吉谋求出镇以避之，既而中辍。人问其故，逢吉曰："苟舍此而去，史公一处分，吾齑粉①矣！"

是时，隐帝少年，小人在侧。弘肇等威制人主，帝与左右李业、郭允明等皆患之。逢吉每见业等，以言激之，业等卒杀弘肇，即以逢吉权知枢密院。方命草麻②，闻周太祖起兵，乃止。

逢吉夜宿金祥殿东阁，谓司天夏官正③王处讷曰："昨夕未瞑，已见李崧在侧；生人接死者，无吉事也。"周太祖至北郊，官军败于刘子陂。逢吉宿七里④，夜与同舍酣饮，索刀将自杀，为左右所止。明日，与隐帝走赵村⑤，自杀于民舍。周太祖定京师，枭其首，适当李崧被刑之所。广顺⑥初，赐其子西京庄并宅一区。

---

① 齑粉，糜碎。
② 唐中书用黄白二麻为纶命。其后翰林专掌白麻，中书独得用黄麻。见《翰林志》。谓以黄白麻纸草诏书。故草任命大臣诏曰草麻。
③ 自唐以来，司天官属有分司四时之官，名曰某官正，如夏官正。
④ 七里，按当在洛阳附近。
⑤ 赵村，按当在洛阳附近。
⑥ 广顺，周太祖年号。

汉臣传

史弘肇

史弘肇，字化元，郑州荥泽人也。为人骁勇①，走及奔马。梁末，调民七户出一兵，弘肇为兵，隶开道指挥，选为禁兵。汉高祖典禁兵，弘肇为军校。其后，汉高祖镇太原，使将武节左右指挥，领雷州②刺史。高祖建号于太原，代州王晖③拒命，弘肇攻破之，以功拜忠武军节度使、侍卫步军都指挥使。

是时，契丹北归，留耿崇美攻王守恩④于潞州。高祖遣弘肇前行击之，崇美败走，守恩以城归汉。而河阳武行德、泽州翟令奇等皆迎弘肇自归。弘肇入河阳，高祖从后至，遂入京师。

弘肇为将，严毅寡言，麾下尝小忤意，立杖

---

① 骁勇，谓健捷而多力。
② 雷州，在今广东雷州市。
③ 王晖，太原人。初从周太祖入汴，世宗时为神武统军。性吝啬而资甚富，纵部曲诛求民间。入宋，官终右领军上将军。
④ 王守恩，汉高祖时为昭义军节度使，徙镇静难，改西京留守。性贪鄙，人甚苦之。时周太祖以枢密使还过洛阳，守恩以使相自处，肩舆出迎。太祖怒，立罢去。后官至左金吾卫上将军，卒。

杀之，军中为之股慄。以故高祖起义之初，弘肇行兵所至，秋毫无犯，两京帖然①。迁侍卫亲军马步军都指挥使，领归德军②节度使、同中书门下平章事。高祖疾大渐③，与杨邠、苏逢吉等同授顾命④。

隐帝时，河中李守贞、凤翔王景崇⑤、永兴⑥赵思绾⑦等皆反。关西用兵，人情恐惧，京师之民，流言以相惊恐。弘肇出兵警察，务行杀戮，罪无大小皆死。是时太白⑧昼见，民有仰观者，辄腰斩于市。市有醉者忤一军卒，诬其讹言，坐弃市。凡民抵罪，吏以白弘肇，但以三指示之，吏即腰斩之。又为断舌、决口、斫⑨筋、折足之刑。李崧坐奴告

① 帖，帖服，定。帖然，帖服安定。
② 归德军，治宋州，见前《广王全昱传》注。
③ 疾大渐，疾甚剧。
④ 天子之遗诏曰顾命，谓将死去回顾而为语。
⑤ 王景崇，邢州人。明敏巧辨，善事人。入汉拜右卫大将军，兼凤翔巡检使。隐帝时，为侯益所中，遂叛。兵败，自焚死。
⑥ 永兴，永兴军。治京兆，今陕西西安市。
⑦ 赵思绾，魏州人。汉高祖时据永兴叛，送款于李守贞，隐帝遣郭威讨之。居数月，城中食尽，杀人而食。每犒宴，杀人数百，庖宰如羊豕。后降郭从义。未几，又叛。从义擒斩之。
⑧ 太白，星名，即金星。
⑨ 斫，zhuó，斩。

汉臣传

变族诛，弘肇取其幼女以为婢。于是前资故将失职之家姑息僮奴，而厮养之辈往往胁制其主。侍卫孔目官解晖狡酷，因缘为奸，民抵罪者，莫敢告诉。燕人何福进有玉枕，直钱十四万，遣僮卖之淮南以鬻茶。僮隐其钱，福进笞责之。僮乃诬告福进得赵延寿玉枕，以遗吴人。弘肇捕治，福进弃市，帐下分取其妻子，而籍①其家财。

弘肇不喜宾客，尝言："文人难耐，呼我为卒。"

弘肇领归德，其副使等月率私钱千缗为献。

颍州曲场官麴温与军将何拯争官务，讼之三司。三司直温，拯诉之弘肇。弘肇以谓颍已属州而温不先白己，乃追温杀之，连坐者数十人。

周太祖平李守贞，推功群臣，弘肇拜中书令。

隐帝自关西罢兵，渐近小人，与后赞、李业等嬉游无度，而太后亲族颇行干托，弘肇与杨邠稍裁抑之。太后有故人子求补军职，弘肇辄斩之。

帝始听乐，赐教坊使②等玉带锦袍，往谢弘肇。

---

① 籍，籍录其所有而没收之。
② 教坊使，典倡优之官。唐开元二年置左右教坊，历代因之。

弘肇怒曰:"健儿为国征行者未有遍赐,尔曹何功,敢当此乎!"悉取所赐还官。

周太祖出镇魏州,弘肇议带枢密行。苏逢吉、杨邠以为不可,弘肇恨之。明日,会饮窦贞固①第,弘肇厉声举爵属太祖曰:"昨日廷论,何为异同,今日与公饮此?"逢吉与邠亦举大爵曰:"此国家事也,何必介意乎?"遂俱饮釂。弘肇曰:"安朝廷,定祸乱,直须长枪大剑,若'毛锥子'安足用哉?"三司使王章曰:"无'毛锥子',军赋何从集乎?""毛锥子",盖言笔也。弘肇默然。

他日,会饮章第,酒酣,为手势令,弘肇不能为,客省使阎晋卿②坐次弘肇,屡教之。苏逢吉戏曰:"坐有姓阎人,何忧罚爵!"弘肇妻阎氏,酒家倡,以为讥己,大怒,以丑语诟逢吉,逢吉不校。弘肇欲欧③之,逢吉先出,弘肇起,索剑欲追

---

① 窦贞固,白水人,字体仁。后唐同光中进士,历仕唐、晋、汉、周,封沂国公。宋初卒。
② 阎晋卿,忻州人。初事汉高祖。乾祐中,李业等谋杀史弘肇等,晋卿潜知其事,诣弘肇。弘肇拒不见,遂被杀。周兵入京师,晋卿自杀于家。
③ 欧,通"殴"。——校订者注。

之。杨邠泣曰："苏公，汉宰相，公若杀之，致天子何地乎？"弘肇驰马去，邠送至第而还。由是将相如水火。隐帝遣王峻①置酒公子亭和解之。

是时，李业、郭允明、后赞、聂文进②等用事，不喜执政。而隐帝春秋③渐长，为大臣所制，数有忿言。业等乘间谮之，以谓"弘肇威震人主，不除必为乱"。隐帝颇欲除之。夜闻作坊锻甲声，以为兵至，达旦不寐。由是与业等密谋禁中。乾祐三年冬十月十三日，弘肇与杨邠、王章等入朝，坐广正殿东庑。甲士数十人自内出，擒弘肇、邠、章斩之，并族其三家。

弘肇已死，帝坐崇元殿召群臣，告以弘肇等谋反，群臣莫能对。又召诸军校见于万岁殿，帝曰："弘肇等专权，使汝曹常忧横死，今日吾得为汝主矣！"军校皆拜。周太祖即位，追封弘肇郑王，以礼归葬。

---

① 王峻，见《杂传》。
② 聂文进，并州人。少为军卒，善书算。汉高祖即位，历拜领军屯卫将军、枢密使承旨。周太祖为枢密使，文进颇见亲信。及隐帝遇弑，文进亦见杀。
③ 春秋，谓年龄。

死节传

王彦章

王彦章,字子明,郓州寿张①人也。少为军卒,事梁太祖为开封府押衙、左亲从指挥使、行营先锋马军使。末帝即位,迁濮州②刺史,又徙澶州刺史。

彦章为人骁勇有力,能跣足③履棘行百步。持一铁枪,骑而驰突,奋疾如飞,而他人莫能举也,军中号"王铁枪"。

梁、晋争天下为劲敌,独彦章心常轻晋王,谓人曰:"亚次,斗鸡小儿耳,何足惧哉!"

梁分魏、相六州为两镇,惧魏军不从,遣彦

---

① 寿张,在今山东阳谷县东南。
② 濮州,今河南濮阳市。
③ 跣足,不着履,以足亲地。

死节传

将五百骑入魏，屯金波亭①以虞变。魏军果乱，夜攻彦章。彦章南走，魏人降晋。晋军攻破澶州，虏彦章妻子，归之太原，赐以第宅，供给甚备。间遣使者招彦章，彦章斩其使者以自绝。然晋人畏彦章之在梁也，必欲招致之，待其妻子愈厚。

自梁失魏、博，与晋夹河而军，彦章常为先锋。迁汝②、郑二州防御使，匡国军③节度使，北面行营副招讨使，又徙宣义军节度使。

是时，晋已尽有河北，以铁锁断德胜口，筑河南、北为两城，号夹寨。而梁末帝昏乱，小人赵岩、张汉杰等用事，大臣宿将，多被谗间，彦章虽为招讨副使，而谋不见用。

龙德④三年夏，晋取郓州，梁人大恐。宰相敬翔顾事急，以绳内靴中，入见末帝，泣曰："先帝取天下，不以臣为不肖，所谋无不用；今强敌未灭，陛下弃忽臣言，臣身不用，不如死！"乃引绳

---

① 金波亭，在今河北大名县东。
② 汝，在今河南省汝州市。
③ 匡国军，治许州，见前《郭崇韬传》注。
④ 龙德，梁末帝年号。

将自经。末帝使人止之,问所欲言。翔曰:"事急矣!非彦章不可。"末帝乃召彦章为招讨使,以段凝为副。末帝问破敌之期,彦章对曰:"三日。"左右皆失笑。

彦章受命而出,驰两日,至滑州,置酒大会。阴遣人具舟于杨村①,命甲士六百人皆持巨斧,载冶者,具韛炭②,乘流而下。彦章会饮,酒半,佯起更衣,引精兵数千,沿河以趋德胜,舟兵举锁烧断之,因以巨斧斩浮桥,而彦章引兵急击南城,浮桥断,南城遂破,盖三日矣。

是时,庄宗在魏,以朱守殷守夹寨,闻彦章为招讨使,惊曰:"彦章骁勇,吾尝避其锋,非守殷敌也。然彦章兵少,利于速战,必急攻我南城。"即驰骑救之。行二十里,而得夹寨报者曰:"彦章兵已至。"比至,而南城破矣。

庄宗彻③北城为筏,下杨刘,与彦章俱浮于河,各行一岸。每舟筏相及,辄战,一日数十接。彦章

---

① 杨村,当在滑州附近,为滨河之要道。
② 韛,bài。韛炭,鼓风囊及木炭,谓冶具。——校订者注。
③ 彻,通"撤"。——校订者注。

至杨刘，攻之几下。晋人筑垒博州东岸，彦章引兵攻之，不克，还击杨刘，战败。

是时，段凝已有异志，与赵岩、张汉杰交通。彦章素刚，愤梁日削，而嫉岩等所为，尝谓人曰："俟吾破贼还，诛奸臣以谢天下。"岩等闻之惧，与凝叶力倾之。其破南城也，彦章与凝各为捷书以闻。凝遣人告岩等匿彦章书而上己书。末帝初疑其事，已而使者至军，独赐劳凝而不及彦章，军士皆失色。及杨刘之败也，凝乃上书言："彦章使酒轻敌，而至于败。"赵岩等从中日夜毁之，乃罢彦章，以凝为招讨使。彦章驰至京师，入见，以笏画地，自陈胜败之迹。岩等讽有司劾彦章不恭，勒①还第。

唐兵攻兖州，末帝召彦章，使守捉东路。是时，梁之胜兵皆属段凝，京师只有保銮②五百骑，皆新捉募之兵，不可用，乃以属彦章，而以张汉杰监之。彦章至递坊③，以兵少战败，退保中都。又败，与其牙兵百余骑死战。唐将夏鲁奇素与彦章

---

① 勒，抑，犹言压制而逼迫之。
② 保銮，军名，天子之卫兵。
③ 递坊，按当在今山东汶上县附近。

善,识其语音,曰:"王铁枪也。"举矟刺之,彦章伤重,马踣,被擒。庄宗见之,曰:"尔常以孺子待我,今日服乎?"又曰:"尔善战者,何不守兖州而守中都?中都无壁垒,何以自固?"彦章对曰:"大事已去,非人力可为!"庄宗恻然,赐药以封其创。

彦章武人,不知书,常为俚语谓人曰:"豹死留皮,人死留名。"其于忠义,盖天性也。庄宗爱其骁勇,欲全活之,使人慰谕彦章。彦章谢曰:"臣与陛下血战十余年,今兵败力穷,不死何待!且臣受梁恩,非死不能报。岂有朝事梁而暮事晋,生何面目见天下之人乎?"庄宗又遣明宗往谕之。彦章病创,卧不能起,仰顾明宗,呼其小字曰:"汝非邈佶烈[①]乎?我岂苟活者!"遂见杀,年六十一。晋高祖时,追赠彦章太师。

---

① 唐明宗本出夷狄,无姓氏,小字邈佶烈。

死事传

姚洪

姚洪，本梁之小校也。自董璋为梁将，洪尝事璋。后事唐为指挥使。

长兴中，遣洪将千人戍阆州。董璋反，遣人以书招洪。洪得璋书，辄投厕中。

后璋兵攻破阆州，执洪。璋曰："尔为健儿，我遇汝厚，奈何负我邪？"洪骂曰："老贼！尔昔为李七郎①奴，扫马粪，得一盃残炙②，感恩不已。今天子用尔为节度使，何苦反邪！吾能为国家死，不能从人奴以生！"璋怒，然镬③于前，令壮士十

---

① 李七郎，汴州富人李让。
② 残炙，即残杯冷炙，谓食余。
③ 镬，huò，釜属，所以煮食物者。

人刲①其肉而食，洪至死大骂。明宗闻之泣下，录其二子，而厚恤其家。

王思同

王思同，幽州人也。其父敬柔，娶刘仁恭女，生思同。思同事仁恭为银胡䩮指挥使。仁恭为其子守光所囚，思同奔晋，以为飞胜指挥使。梁、晋相距于莘，遣思同筑垒杨刘，以功迁神武十军都指挥使，累迁郑州防御使。

思同为人敢勇，善骑射，好学，颇喜为诗，轻财重义，多礼文士，然未尝有战功。明宗时，以久次为匡国军节度使，徙镇雄武②。

是时，吐蕃数为寇，而秦州③无亭障④，思同列四十余栅以御之。居五年，来朝，明宗问以边事。思同指画山川，陈其利害。思同去，明宗顾左右曰："人言思同不管事，能若是邪？"于是始知其

---

① 刲，kuī，割。
② 雄武，治秦州，即今甘肃天水市。
③ 秦州，见上注。
④ 于塞上要塞处筑墙置亭，使人守之，曰亭障。

材，以为右武卫上将军、京兆尹、西京留守。

石敬瑭讨董璋，思同为先锋指挥使，兵入剑门，而后军不继，思同与璋战，不胜而却。敬瑭兵罢，思同徙镇山南西道①，已而复为京兆尹、西京留守。

应顺元年二月，潞王从珂反凤翔，驰檄四邻，言"奸臣幸先帝疾病，贼杀秦王而立幼嗣，侵弱宗室，动摇藩方"，陈己所以兴兵讨乱之状。因遣伶奴安十十以五弦②谒思同，欲因其欢以通意。是时，诸镇皆怀向背，所得潞王书檄，虽以上闻，而不绝其使。独思同执十十及从珂所使推官郝诩等送京师。愍帝嘉其忠，即以思同为西面行营马步军都部署。三月，会诸镇兵围凤翔，破东西关城。从珂兵弱而守甚坚，外兵伤死者众。从珂登城呼外兵而泣曰："吾从先帝二十年，大小数百战，甲不解体，金疮满身，士卒固尝从我矣。今先帝新弃天下，而朝廷信用奸人，离间骨肉，我实何罪而见伐乎？"

---

① 山南西道，治梁州，今陕西汉中市。
② 五弦，乐器名。未详所起，形如琵琶。

因恸哭。士卒闻者，皆悲怜之。兴元张虔钊攻城西，督战甚急，士卒苦之，反兵攻虔钊，虔钊走。羽林指挥使杨思权①呼曰："潞王，吾主也！"乃引军自西门入降从珂。而思同未知，犹督战。严卫指挥使尹晖②麾其众曰："城西军入城受赏矣！何用战邪？"士卒解甲弃仗，声闻数里，遂皆入城降。诸镇之兵皆溃。思同挺身走，至长安，西京副留守刘遂雍闭门不纳，乃走潼关③。从珂引兵东，至昭应④，前锋追执思同。从珂责曰："罪可逃乎？"思同曰："非不知从王而得生，恐终死不能见先帝于地下。"从珂愧其言，乃杀之。汉高祖即位，赠侍中。

---

① 杨思权，新平人。初事梁为指挥使。庄宗灭梁，为都指挥使。潞王从珂反凤翔，思权首降，由是诸镇皆溃。官终左卫上将军。
② 尹晖，魏州人。少勇健，为杨师厚军士。历仕唐、晋，官至右卫大将军。范延光反，以晖失意，密使人招之，晖惧而逃，为人所杀。
③ 潼关，今陕西潼关县。
④ 昭应，在今陕西西安市临潼区。

一行传

石昂

石昂,青州临淄①人也。家有书数千卷,喜延四方之士。士无远近,多就昂学问,食其门下者或累岁,昂未尝有怠色。而昂不求仕进。节度使符习②高其行,召以为临淄令。习入朝京师,监军杨彦朗知留后事,昂以公事至府上谒,赞③者以彦朗讳"石",更其姓曰"右"。昂趋于庭,仰责彦朗曰:"内侍④奈何以私害公?昂姓'石',非'右'

---

① 临淄,今山东淄博市临淄区。
② 符习,昭庆人。初事王镕。张文礼杀王镕,习力请庄宗讨之。庄宗遣将助习讨文礼,不克。明宗时,官至宣武军节度,以太子太师致仕卒。
③ 赞,赞礼。相者唱行礼之节曰赞。又导。
④ 内侍,官名。隋置内侍省,其官皆以宦者任之,历代因之。后世因称宦者为内侍。

也。"彦朗大怒,拂衣起去。昂即趋出,解官还于家,语其子曰:"吾本不欲仕乱世,果为刑人①所辱,子孙其以我为戒!"

昂父亦好学,平生不喜佛说。父死,昂于柩前诵《尚书》,曰:"此吾先人之所欲闻也。"禁其家:"不可以佛事污吾先人。"

晋高祖时,诏天下求孝悌之士,户部尚书王权②、宗正卿③石光赞、国子祭酒④田敏⑤、兵部侍郎王延⑥等相与诣东上阁门,上昂行义可以应诏。诏昂至京师,召见便殿,以为宗正丞,迁少卿。出帝即位,晋政日坏,昂数上疏极谏,不听,乃称疾东归。以寿终于家。昂既去,而晋室大乱。

---

① 刑人,谓受刑而亏体者。按:宦者去势,故谓之刑人。
② 王权,字秀山。举进士,历仕梁、唐、晋,官至兵部尚书。高祖以父事契丹,令权奉使,权以为耻,辞不行。官终太子少傅。
③ 宗正,官名。掌皇帝之亲属,秦置,历代因之。宗正卿,其长官。
④ 汉吴王濞年最长,为刘氏祭酒,后因以为官名。国子祭酒,即国子监祭酒。国子监,即国学。
⑤ 田敏,梁末举进士,历仕梁、唐、晋、汉、周,以太子少保致仕。多酿美酒待宾客,亲授诸子经。开宝中卒,年九十二。
⑥ 王延,长丰人,字世美。为人重然诺。与其弟规友善,当时称其家法。仕梁入周,累迁刑部尚书,以太子少保致仕卒。

唐六臣传

苏循 杜晓附

苏循，不知何许人也。为人巧佞，阿谀无廉耻，惟利是趋。事唐为礼部尚书。是时，太祖已弑昭宗，立哀帝，唐之旧臣皆愤惋切齿，或俯首畏祸，或去不仕，而循特傅会①梁以希进用。

梁兵攻杨行密，大败于渒河②，太祖躁忿，急于禅代，欲邀唐九锡③。群臣莫敢当其议，独循倡言：

---

① 傅会，与"附会"义同，谓使事之不相联属者相会为一。后专用为牵强凑合之意。
② 渒河，源出安徽霍山县南境，北流经六安市，至正阳关入淮。
③ 古天子优礼大臣而赐以器物殊礼相宠异：一曰车马，二曰衣服，三曰乐器，四曰朱户，五曰纳陛，六曰虎贲，七曰弓矢，八曰铁钺，九曰秬鬯。校订者按：以上九种器物颁赐功臣，故称九锡。锡，通"赐"。

"梁王功德，天命所归，宜即受禅。"明年，梁太祖即位，循为册礼副使。

循有子楷，乾宁①中举进士及第。昭宗遣学士陆扆②覆落之，楷常惭恨。及昭宗遇弑，唐政出于梁，楷为起居郎，与柳璨③、张廷范④等相结，因谓廷范曰："夫谥者，所以易名而贵信也。前有司谥先帝曰'昭'，名实不称；公为太常卿，予史官也，不可以不言。"乃上疏驳议。而廷范本梁客将，尝求太常卿不得者，廷范亦以此怨唐，因下楷疏廷范。廷范议曰："臣闻执事坚固之谓'恭'，乱而不损之谓'灵'，武而不遂之谓'庄'，在国逢难之谓'闵'，因事有功之谓'襄'；请改谥昭宗皇帝曰恭灵庄闵皇帝，庙号襄宗。"

---

① 乾宁，唐昭宗年号。
② 陆扆，字祥文。举光启进士。从僖宗幸南山，累迁翰林学士。昭宗时官至中书侍郎，同平章事。为朱全忠所杀。
③ 柳璨，字炤之。为人野鄙，其家不以诸柳齿。少孤贫，好学。昭宗时擢翰林学士。崔胤没，以谏议大夫同平章事。起布衣至是，不四岁。后为朱全忠所疑，流崖州，寻斩之。
④ 张廷范，优人，为朱全忠所爱。扈东迁，为御营使，官至太常卿。后贬莱州司户参军，轘于河南市。校订者按：轘，huàn，车裂之刑。

梁太祖已即位，置酒玄德殿，顾群臣自陈德薄不足以当天命，皆诸公推戴之力。唐之旧臣杨涉①、张文蔚②等皆惭惧俯伏不能对，独循与张祎、薛贻矩③盛称梁王功德，所以顺天应人者。

循父子皆自以附会梁得所托，旦夕引首，希见进用。敬翔尤恶之，谓太祖曰："梁室新造，宜得端士以厚风俗。循父子皆无行，不可立于新朝。"于是父子皆勒归田里。乃依朱友谦于河中。其后，友谦叛梁降晋。晋王将即位，求唐故臣在者，以备百官之阙，友谦遣循至魏州。

是时，梁未灭，晋诸将相多不欲晋王即帝位。晋王之意虽锐，将相大臣未有赞成其议者。循始至魏州，望州廨听事即拜，谓之"拜殿"。及入谒，舞蹈呼万岁而称臣，晋王大悦。明日，又献"画日

---

① 杨涉，举唐进士，哀帝时为相。为人端重有礼法。以谦静终免祸。唐亡，事梁，仍为相。在位三年，俯首无所施为，罢为左仆射，卒。
② 张文蔚，河间人，字右华。唐昭宗迁洛，拜中书侍郎、同平章事。柳璨杀裴度等七人，蔓引朝士，文蔚力讲解之。梁初仍为相，制度多所裁定。
③ 薛贻矩，闻喜人，字熙用。仕唐为兵部侍郎。坐事左迁，乃自结于梁太祖，力趣哀帝逊位。为梁相五年，卒。

笔"三十管，晋王益喜。因以循为节度副使。已而病卒。庄宗即位，赠左仆射。

楷，同光中为尚书员外郎。明宗即位，大臣欲理其驳谥之罪，以忧死。

当唐之亡也，又有杜晓者，字明远。祖审权，父让能，皆为唐相。昭宗时，王行瑜、李茂贞兵犯京师，昭宗杀让能于临皋①以自解。

晓以父死无罪，居丧哀毁；服除，布衣幅巾，自废十余年。崔胤判盐铁，辟巡官，除畿县②尉，直昭文馆，皆不起。崔远③判户部，又辟巡官。或谓晓曰："嵇康④死，子绍自废不出仕，山

---

① 临皋，今湖北黄冈市南大江滨。校订者按：临皋，驿名。当在今陕西西安市附近，非今黄冈之临皋，原注误。见后《李茂贞传》。
② 畿县，畿内之县。唐近京都之县，有畿县、赤县、次畿、次赤之分，又有望县、上县、次县等。盖天下县邑，素有差等。详见《五代会要》。
③ 崔远，有文而风致峻整，时人目为"钉座梨"，言世所珍。乾宁中，以兵部侍郎、同平章事，迁中书侍郎。后为柳璨所陷，被杀。
④ 嵇康，三国魏铚人，字叔夜。早孤，有奇才，博洽多闻，最好老、庄。与魏宗室婚，拜中散大夫。与山涛等七人称竹林七贤。后为司马昭所害。子绍仕晋惠帝，官侍中。以河间王颙、成都王颖举兵，被害于帝侧，血溅御衣。事定，左右欲浣衣，帝曰："此嵇侍中血，勿浣。"

涛[1]以物理责之，乃仕。吾子忍令杜氏岁时铺席祭其先人同匹庶乎？"晓乃为之起。累迁膳部[2]郎中、翰林学士。梁太祖即位，迁工部侍郎奉旨[3]。开平[4]二年，拜中书侍郎、同中书门下平章事。友珪立，迁礼部尚书、集贤殿大学士。袁象先等讨贼，兵大掠，晓为乱兵所杀，赠右仆射。

---

[1] 山涛，晋怀人，字巨源。少有器量，介然不群。仕晋官至右仆射，加侍中。王戎尝目涛为璞玉浑金，人莫知其器云。

[2] 膳部，官署名。司肴馔，属礼部。有郎中、员外郎等官。

[3] 奉旨，与承旨同。盖承时君之旨，非近侍重臣，无以禀命。凡大朝会以宰相承旨，草诏书以学士承旨。晋天福五年六月，改殿前承旨为殿直，枢密院承旨为承宣。详见《五代会要》。

[4] 开平，梁太祖年号。

义儿传

呜呼！世道衰，人伦坏，而亲疏之理反其常，干戈起于骨肉，异类合为父子。开平、显德五十年间，天下五代而实八姓，其三出于丐养。盖其大者取天下，其次立功名，位将相，岂非因时之隙以利合而相资者邪？

唐自号沙陀，起代北，其所与俱，皆一时雄杰虓[①]武之士，往往养以为儿，号"义儿军"。至其有天下，多用以成功业；及其亡也，亦由焉。太祖养子多矣，其可纪者九人：其一是为明宗，其次曰嗣昭、嗣本、嗣恩、存信、存孝、存进、存璋、存贤。作《义儿传》。

---

① 虓，bào，急，虐。

义儿传

李嗣昭

李嗣昭，本姓韩氏，汾州太谷县①民家子也。太祖出猎，至其家，见其林中郁郁有气，甚异之，召其父问焉。父言家适生儿，太祖因遗以金帛而取之，命其弟克柔养以为子。初名进通，后更名嗣昭。

嗣昭为人短小，而胆勇过人。初喜嗜酒，太祖常微戒之，遂终身不饮。太祖爱其谨厚，常从用兵，为衙内指挥使。

陕州王珙与其兄珂②争立于河中，遣嗣昭助珂败珙于猗氏③，获其将三人。梁军救珙，嗣昭又败之于胡壁堡④，执其将一人。

---

① 太谷县，今山西太谷县。
② 王珙，重盈子。珂，重荣子。重荣为河中节度使，重荣卒，弟重盈立。重盈死，军中以珂乃重荣子，立为留后。珙乃西结王行瑜、韩建、李茂贞为援，珂亦结晋为助。后晋击破三镇兵，昭宗乃以珂为河中节度使。珙为人惨刻，为其下所杀。珂后降梁，太祖疑其贰于晋，杀之。
③ 猗氏，今山西临猗县。
④ 胡壁堡，按当在临猗县附近。

光化①元年，泽州李罕之袭潞州以降梁，梁遣丁会应罕之。嗣昭与会战含山②，执其将一人，斩首三千级，遂取泽州。

二年，晋遣李君庆攻梁潞州。君庆为梁所败，太祖鸩杀君庆。嗣昭攻克之。

三年，出山东，取梁洺州。梁太祖自将攻之，遣葛从周设伏于青山口③。嗣昭闻梁太祖自来，弃城走。前遇伏兵，因大败。

天复④元年，梁破河中，执王珂，取晋、绛、慈⑤、隰⑥，因大举击晋，围太原。嗣昭日以精骑出击梁兵，会大雨，梁军解去。

晋汾州刺史李瑭叛降梁军，梁军已去，嗣昭复取汾州，斩瑭。遂出阴地，取慈州，降其刺史唐礼。又取隰州，降其刺史张瑰。

是岁，梁军西犯京师，围凤翔。嗣昭乘间攻梁

---

① 光化，唐昭宗年号。
② 含山，在今山西晋城市附近。
③ 青山口，按当在今河北境。
④ 天复，唐昭宗年号。
⑤ 慈，在今山西吉县。
⑥ 隰，在今山西隰县。

晋、绛，战平阳①，执梁将一人，进攻蒲县②。梁朱友宁、氏叔琮③以兵十万迎击之，嗣昭等败走，友宁追之。晋遣李存信④率兵迎嗣昭，存信又败，梁军遂围太原，而慈、隰、汾州复入于梁。太祖大恐，谋走云州。李存信等劝太祖奔于契丹，嗣昭力争以为不可，赖刘太妃亦言之，乃止。嗣昭昼夜出奇兵击梁军，梁军解去。嗣昭复取汾、慈、隰。

是时，镇、定皆已绝晋而附梁。晋外失大国之援，内亡诸州，仍岁之间⑤，孤城被围者再。于此时，嗣昭力战之功为多。

天祐三年⑥，与周德威攻梁潞州，降丁会，以

---

① 平阳，在今山西临汾市。
② 蒲县，今山西蒲县。
③ 氏叔琮，尉氏人。从梁太祖击黄巢，以功累迁晋州刺史。以御晋功，拜右龙武统军。太祖遣弑唐昭宗，已而杀之以谢责。
④ 李存信，回鹘人，本姓张氏。少善骑射，能四夷语，通六蕃书。从李克用入关破黄巢，累功为马步军都指挥使，克用赐姓名，以为子。与存孝不相能，存孝卒，得罪死。
⑤ 仍，旧。仍岁之间，本年之间。
⑥ 按，《廿二史考异》谓："天祐改元，晋王仍称'天复'。及梁篡位，晋始称'天祐四年'。传据晋事而言，当云'天复六年'，不当称'天祐'也。"

嗣昭为昭义军节度使。梁遣李思安①将兵十万攻潞，筑夹城以围之。梁太祖尝遣人招降嗣昭，嗣昭斩其使者，闭城拒守。逾年，庄宗始攻破夹城。嗣昭完缉②兵民，抚养甚有恩意。

梁、晋战胡柳，晋军败，周德威战死。庄宗惧，欲收兵还临濮。嗣昭曰："梁军已胜，旦暮思归；吾若收军使彼休息，整而复出，何以当之？宜以精骑挠之，因其劳乏，可以胜也。"庄宗然之。

是时，梁军已登无石山③，庄宗遣嗣昭转击山北，而自以银枪军趋而呼曰："今日之战，得山者胜！"晋军皆争登山，梁军遽下，阵于山西。晋军从上急击，大败之，于是晋城德胜矣。

周德威死，嗣昭权知幽州。居数月，以李绍宏代之。嗣昭将去，幽州人皆号哭闭关遮留之，嗣昭夜遁，乃得去。

---

① 李思安，陈留人，字贞臣。善飞矟，所向披靡。每从太祖征伐，有奇绩。统戎临敌，不大胜，必大败。历官相州刺史。以不得节镇，日循晏安，无意为政。后贬柳州司户，寻赐死。
② 缉，和睦。
③ 无石山，约在今河南濮阳市境。

义儿传

十九年，从庄宗击契丹于望都①。庄宗为契丹围之数十重，嗣昭以三百骑决围，取庄宗以出。

是时，晋遣阎宝②攻张文礼于镇州，宝为镇人所败，乃以嗣昭代之。镇兵出掠九门③，嗣昭以奇兵击之。镇军且尽，余三人匿破垣中，嗣昭驰马射之，反为贼射中脑；嗣昭顾箙④中矢尽，拔矢于脑，射杀一人，还营而卒⑤。

嗣昭诸子，继俦长而懦，其弟继韬因之以自立。庄宗方与梁兵相持河上，不暇究其事，因即以为昭义军留后。

继韬委其政于魏琢、申蒙，琢等常教继韬反，继韬未决。庄宗在魏，以事召监军张居翰、节度判官任圜。琢等以谓庄宗召居翰等问继韬事，继韬且

---

① 望都，今河北望都县。
② 阎宝，郓州人，字琼美。少为朱瑾牙将，继降梁。末帝时，为保义军节度使。贞明中，晋军围邢州，宝又降晋。拜检校太尉、同平章事。以讨张文礼兵败，惭愤死。
③ 九门，在今河北石家庄市藁城区西北。
④ 箙，fú，盛弓矢之具。
⑤ 按，《五代会要》：长兴二年四月，敕故昭义节度使李嗣昭、故幽州节度使周德威、故汴州节度使符存审配享庄宗庙。"欧史"惟德威传载配享事，而嗣昭、存审篇则失之。

见诛，因以语趣之。继韬乃遣其弟继远入梁。梁末帝即拜继韬同中书门下平章事。居数月，庄宗灭梁，继韬将走契丹，会赦至，乃已，因随其母朝于京师。继远谏曰："兄为臣子，以反为名，复何面以见天子！且潞城坚而仓廪①实，不如闭城坐食积粟，以延岁月，愈于往而就戮也！"继韬不听。

继韬母杨氏，善畜财，平生居积行贩，至赀百万。当嗣昭为梁围以夹城弥年，军用乏绝，杨氏之积，盖有助焉。至是乃赍银数十万两至京师，厚赂宦官、伶人。宦官、伶人皆言："继韬初无恶意，为奸人所误耳！"杨夫人亦以赂谒刘皇后，刘皇后为言："嗣昭功臣，宜蒙恩贷。"由是庄宗释继韬，尝从猎，宠幸无间。

李存渥尤切齿，数诋责之。继韬怀不自安，复赂宦官、伶人，求归镇，庄宗不许。继韬阴使人告继远，令起变于军中，冀天子遣己往安缉之。事泄，斩于天津桥。其二子尝为质于梁，庄宗破梁得之，抚其背曰："尔幼，犹能佐其父反，长复何为

---

① 谷藏曰仓，米藏曰廪。

义儿传

乎？"至是因并诛之。即遣人斩继远,以继俦知潞州事。

已而召继俦还京师,继俦悉取继韬妓妾珍玩而不时即路。其弟继达怒曰:"吾兄父子诛死,而大兄不仁,利其赀财,淫其妻妾,吾所不忍也!"乃服缞①麻,引数百骑坐戟门②,使人入杀继俦。节度副使李继珂募市人千余攻继达,继达走城外,自刭死。

嗣昭七子,至明宗时,子继能坐笞杀其母主藏婢,婢家告变,言继能反,与其弟继袭皆见杀,惟一子继忠仅免。

继忠家于晋阳,杨氏所积余赀犹钜万。晋高祖自太原起兵,召契丹为援,契丹求赂,高祖贷于继忠以取足。高祖入立,甚德之,以为沂③、棣、单三州刺史。开运中卒。杨氏平生积产,嗣昭父

---

① 缞,cuī,丧服。以麻布被于胸前,三年之丧用之。
② 唐制:官阶勋俱三品,始听立戟。按,《五代会要》:"晋天福三年五月诏:应中外臣僚、带平章事、侍中、中书令,及诸道节度使,并许私门立戟。"戟门,谓立戟于私门,乃显贵之家。
③ 沂,今山东临沂市。

子三人赖之。

李存孝

存孝，代州飞狐人也。本姓安，名敬思。太祖掠地代北，得之，给事帐中，赐姓名，以为子，常从为骑将。

文德①元年，河南张言②袭破河阳，李罕之来归晋，晋处罕之于泽州，遣存孝与薛阿檀、安休休等以兵七千助罕之还击河阳。梁亦遣丁会、牛存节等助言。战于温县③，梁军先扼太行④，存孝大败，安休休被执。

是时，晋已得泽、潞，岁出山东，与孟方立⑤争邢、洺、磁，存孝未尝不在兵间。方立死，晋取

---

① 文德，唐僖宗年号。
② 张言，即张全义，见《杂传》。
③ 温县，今河南温县。
④ 太行，一曰五行山，连亘河南、山西及河北界。山以百数，随地异名，实皆古太行之山。山西晋城市南有太行山，乃山脉之主峰。
⑤ 孟方立，邢州人。少有勇力。广明中，潞州节度高浔为裨将所逐，方立乘乱据潞州，自称昭义留后。昭义故节制泽、潞、邢、洺、磁五州，治潞州，方立徙军于邢。于是泽、潞二州归晋。李克用屡遣将攻之，方立兵败，饮鸩卒。

200

义儿传

三州，存孝功为多。

明年，潞州军乱，杀李克恭[1]以归唐。梁遣李谠[2]攻李罕之于泽州，存孝以骑兵五千救之。梁军呼罕之曰："公常恃太原以为命，今上党[3]已归唐，唐兵大集，围太原，沙陀将无穴以自处，公复谁恃而不降乎？"存孝以精骑五百，绕梁栅而呼曰："我，沙陀之求穴者，待尔肉以食军。可令肥者出斗！"梁骁将邓季筠引军出战，存孝舞槊擒之，李谠败走，追击至马牢关[4]。还攻潞州。唐以孙揆为潞州节度使。揆，儒者，以梁卒三千为卫，褒衣[5]大盖[6]，拥节先驱。存孝以三百骑伏长子[7]西崖谷间，伺揆军过，横击断之，擒揆以归。

初，梁遣葛从周、朱崇节守潞州以待揆，闻揆

---

[1] 李克恭，晋王李克用诸弟，不知其父母名号。为昭义节度使，横暴多不法，又不习军事，潞人皆怨之。后为牙将安居受所杀。
[2] 李谠，临晋人。勇悍多力。初仕黄巢，后归梁太祖，署都将。从讨秦宗权，攻兖、郓皆有功。后以攻泽州违节度，诛死。
[3] 上党，今山西南部之地。以其地极高与天为党，故云。
[4] 马牢关，在今山西晋城市区东南。
[5] 褒衣，宽大之衣。
[6] 盖，车盖。
[7] 长子，今山西长子县。

见执，皆弃去，晋遂复取潞州。

是时，张濬①、韩建②伐晋，击阴地关③，晋以李存信、薛阿檀等当濬，别遣存孝军于赵城。唐军战败于阴地关，濬退保晋州，韩建走绛州。存孝攻晋州，濬兵出战，辄复败，因闭壁不敢出。存孝去，攻绛州，濬、建皆走。

存孝猿臂善射，身被重铠，櫜弓坐矟，手舞铁楇，出入阵中，以两骑自从，战酣易骑，上下如飞。

初，存孝取潞州功为多，而太祖别以大将康君立④为潞州留后，存孝为汾州刺史。存孝负其功，不食者数日。及走张濬，迁邠州刺史。大顺⑤二年，徙邢州留后。

---

① 张濬，河间人，字禹川。性通脱无检。僖宗时，拜谏议大夫，累官尚书右仆射。朱全忠谋篡立，使盗夜杀之。
② 韩建，见《杂传》。
③ 阴地关，在山西灵石县西南，今曰南关镇。
④ 康君立，兴唐人。乾符中，为云州牙将。时群盗起，天下将乱，君立与其党共谋推李克用起兵。后从讨黄巢，收长安，授汾州刺史。余详本传。
⑤ 大顺，唐昭宗年号。

义儿传

是时，晋军连岁攻赵常山，存孝常为先锋，下赵临城①、元氏②。赵王求救于幽州李匡威③。匡威兵至，晋军辄引去。

存孝素与存信有隙，存信谮之曰："存孝有二心，常避赵不击。"存孝不自安，乃附梁通赵，自归于唐。因请会兵以伐晋。唐命赵王王镕援之。

明年，赵与幽州有隙，惧而与晋和，反以兵三万助晋击存孝，存孝婴城④自守。太祖自将兵傅其城，掘堑以围之。存孝出兵冲击，堑不得成。裨将袁奉韬使人说存孝曰："公所畏者，晋王尔！王俟堑成，且留兵去，诸将非公敌也，虽堑何为！"存孝以为然，纵兵成堑。堑成，深沟高垒，不可近，存孝遂窘。城中食尽，登城呼曰："儿蒙王恩，位至将相，岂欲舍父子而附仇雠，乃存信构陷之耳！愿生见王，一言而死。"太祖哀之，遣刘夫人

---

① 临城，今河北临城县。
② 元氏，今河北元氏县。
③ 李匡威，全忠子。全忠死，领卢龙留后，进节度使。后为其弟匡筹所逐，留深州，围杀王镕，据其地，事败被杀。
④ 婴城，闭城。

入城慰谕之。刘夫人引与俱来。存孝泥首请罪曰："儿于晋有功而无过，所以至此，由存信为之耳！"太祖叱曰："尔为书檄，罪我百端，亦存信为之邪？"缚载后车，至太原，车裂之以徇①。然太祖惜其材，怅然恨诸将之不能容也，为之不视事者十余日。

康君立素与存信相善，方二人之交恶也，君立每左右存信以倾之。存孝已死，太祖与诸将博，语及存孝，流涕不已。君立以为不然，太祖怒，鸩杀君立。君立初为云州牙将，唐僖宗时，逐段文楚②，与太祖俱起云中③，盖君立首事。其后累立战功，表昭义节度使，以存孝故杀之。

---

① 徇，通"殉"，死。
② 段文楚，唐大同军防御使。为李克用所杀。
③ 云中，今山西大同市。

伶官传

呜呼！盛衰之理，虽曰天命，岂非人事哉？原庄宗之所以得天下，与其所以失之者，可以知之矣。

世言晋王之将终也，以三矢赐庄宗而告之曰："梁，吾仇也。燕王，吾所立，契丹与吾约为兄弟，而皆背晋以归梁。此三者，吾遗恨也。与尔三矢，尔其无忘乃父之志！"庄宗受而藏之于庙。其后用兵，则遣从事以一少牢告庙，请其矢，盛以锦囊，负而前驱，及凯旋而纳之。

方其系燕父子以组[①]，函梁君臣之首[②]，入于太

[①] 事详《刘守光传》。
[②] 唐庄宗入汴，末帝登建国楼，谓皇甫麟曰："晋，吾世仇也，不可俟彼刀锯。卿可尽我命，无使我落仇人之手！"麟乃进刃于帝，已亦自刭死。庄宗命张全义葬其尸，藏其首于太社。

庙，还矢先王，而告以成功，其意气之盛，可谓壮哉！及仇雠已灭，天下已定，一夫夜呼，乱者四应，仓皇东出，未及见贼而士卒离散。君臣相顾，不知所归，至于誓天断发，泣下沾襟[1]，何其衰也！岂得之难而失之易欤？抑本其成败之迹，而皆自于人欤？

《书》曰："满招损，谦得益。"忧劳可以兴国，逸豫可以亡身，自然之理也。故方其盛也，举天下豪杰，莫能与之争；及其衰也，数十伶人困之，而身死国灭，为天下笑。夫祸患常积于忽微，而智勇多困于所溺，岂独伶人也哉？作《伶官传》。

敬新磨　景进　史彦琼　郭从谦

庄宗既好俳优[2]，又知音，能度曲，至今汾、晋之俗，往往能歌其声，谓之"御制"者皆是也。其小字亚子，当时人或谓之亚次。又别为优名以自目，曰"李天下"。自其为王，至于为天子，常身

---

[1] 事详《元行钦传》。
[2] 俳，pái。俳优，杂戏。

与俳优杂戏于庭。伶人由此用事,遂至于亡。

皇后刘氏素微,其父刘叟卖药善卜,号"刘山人"。刘氏性悍,方与诸姬争宠,常自耻其世家,而特讳其事。庄宗乃为刘叟衣服,自负著囊药笈,使其子继岌提破帽而随之,造其卧内,曰:"刘山人来省女。"刘氏大怒,笞继岌而逐之。宫中以为笑乐。

其战于胡柳也,嬖伶周匝为梁人所得。其后灭梁入汴,周匝谒于马前。庄宗得之,喜甚,赐以金帛,劳其良苦。周匝对曰:"身陷仇人而得不死以生者,教坊使陈俊、内园栽接使储德源之力也。愿乞二州以报此两人!"庄宗皆许以为刺史。郭崇韬谏曰:"陛下所与共取天下者,皆英豪忠勇之士。今大功始就,封赏未及于一人,而先以伶人为刺史,恐失天下心,不可。"因格①其命。逾年,而伶人屡以为言,庄宗谓崇韬曰:"吾已许周匝矣,使吾惭见此三人!公言虽正,然当为我屈意行之。"卒以俊为景州②刺史,德源为宪州刺史。

---

① 格,阻止。
② 景州,在今河北景县。

庄宗好畋猎，猎于中牟①，践民田。中牟县令当马切谏，为民请。庄宗怒叱县令去，将杀之。伶人敬新磨知其不可，乃率诸伶走追县令，擒至马前，责之曰："汝为县令，独不知吾天子好猎邪？奈何纵民稼穑，以供租赋？何不饥汝县民而空此地，以备吾天子之驰骋？汝罪当死！"因前请亟行刑，诸伶共唱和之。庄宗大笑，县令乃得免去。

庄宗尝与群优戏于庭，四顾而呼曰："李天下！李天下何在？"新磨遽前以手批其颊，庄宗失色，左右皆恐。群伶亦大惊骇，共持新磨诘曰："汝奈何批天子颊？"新磨对曰："李天下者，一人而已，复谁呼邪？"于是左右皆笑，庄宗大喜，赐与新磨甚厚。

新磨尝奏事殿中，殿中多恶犬，新磨去，一犬起逐之，新磨倚柱而呼曰："陛下毋纵儿女啮人！"庄宗家世夷狄，夷狄之人讳狗，故新磨以此讥之。庄宗大怒，弯弓注矢，将射之。新磨急呼曰："陛下无杀臣！臣与陛下为一体，杀之不祥。"庄宗大

---

① 中牟，今河南中牟县。

惊，问其故。对曰："陛下开国，改元同光，天下皆谓陛下'同光帝'。且同，铜也。若杀敬新磨，则'同'无光矣。"庄宗大笑，乃释之。

然时诸伶独新磨尤善俳，其语最著，而不闻其他过恶。其败政乱国者，有景进、史彦琼、郭门高三人为最。

是时，诸伶人出入宫掖①，侮弄缙绅②。群臣愤嫉，莫敢出气，或反相附托，以希恩幸，四方藩镇，货赂交行，而景进最居中用事。庄宗遣进等出访民间，事无大小皆以闻。每进奏事殿中，左右皆屏退，军机国政，皆与参决。三司使孔谦兄事之，呼为"八哥"。

庄宗初入洛，居唐故宫室，而嫔御未备。阉宦希旨，多言宫中夜见鬼物，相惊恐。庄宗问所以禳之者，因曰："故唐时，后宫万人，今空宫多怪，当实以人乃息。"庄宗欣然。其后幸邺，乃遣进等采邺美女千人以充后宫。而进等缘以为奸，军士妻

---

① 掖，谓掖庭，宫中旁舍，嫔妃等所居。宫掖，宫中之称。
② 缙绅，谓插笏带间。古之仕者，垂绅缙笏，故称宦族曰缙绅。

女因而逃逸者数千人。庄宗还洛，进载邺女千人以从，道路相属，男女无别。

魏王继岌已破蜀，刘皇后听宦者谗言，遣继岌贼杀郭崇韬。崇韬素嫉伶人，常裁抑之，伶人由此皆乐其死。皇弟存乂①，崇韬之婿也。进谗于庄宗曰："存乂且反，为妇翁报仇。"乃囚而杀之。

朱友谦，以梁河中降晋者。及庄宗入洛，伶人皆求赂于友谦，友谦不能给而辞焉。进乃谗友谦曰："崇韬且诛，友谦不自安，必反。宜并诛之。"于是及其将五六人皆族灭之，天下不胜其冤。

进官至银青光禄大夫、检校左散骑常侍②，兼御史大夫、上柱国③。

史彦琼者，为武德使，居邺都。而魏博六州之

---

① 存乂，克用六子。封睦王，历建雄、保大军节度使，娶郭崇韬女。崇韬被族，宦者欲尽诛崇韬亲党，诬以怨望，遂被诛。
② 左散骑常侍，官名。唐置左、右散骑常侍，分隶中书、门下两省，掌献可替否，出入禁中，常侍左右。多用宦者，间用士人。
③ 上柱国，官名。起于战国。《战国策·齐策二》：楚之法，覆军杀将者，官为上柱国。隋、唐至明，均以上柱国为勋官之最尊者，至清始废。

政皆决彦琼，自留守王正言①而下，皆俯首承事之。

是时，郭崇韬以无罪见杀于蜀。天下未知其死也，第见京师杀其诸子，因相传曰："崇韬杀魏王继岌而自王于蜀矣，以故族其家。"邺人闻之，方疑惑。已而朱友谦又见杀。友谦子建徽为澶州刺史，有诏彦琼使杀之。彦琼秘其事，夜半驰出城。邺人见彦琼无故夜驰出，因惊传曰："刘皇后怒崇韬之杀继岌也，已弑帝而自立，急召彦琼计事。"邺都大恐。贝州人有来邺者，传此语以归。戍卒皇甫晖闻之，由此劫赵在礼作乱。在礼已至馆陶，邺都巡检使②孙铎见彦琼求兵御贼。彦琼不肯与，曰："贼未至，至而给兵，岂晚邪？"已而贼至，彦琼以兵登北门，闻贼呼声，大恐，弃其兵而走，单骑归于京师。在礼由是得入于邺以成其叛乱者，由彦琼启而纵之也。

郭门高者，名从谦，门高，其优名也。虽以优进，而尝有军功，故以为从马直指挥使。从马直，

---

① 王正言，郓州人。早孤。庄宗时，为魏州观察判官。主诺听命，不能称职。官终平卢行军司马。
② 巡检使，官名。掌训练甲兵，巡逻州邑，擒捕盗贼。

盖亲军也。从谦以姓郭，拜崇韬为叔父，而皇弟存义又以从谦为养子。崇韬死，存义见囚，从谦置酒军中，愤然流涕，称此二人之冤。

是时，从马直军士王温宿卫禁中，夜谋乱，事觉，被诛。庄宗戏从谦曰："汝党存义、崇韬负我，又教王温反，复欲何为乎？"从谦恐，退而激其军士曰："罄尔之赀，食肉而饮酒，无为后日计也！"军士问其故，从谦因曰："上以王温故，俟破邺，尽坑尔曹！"军士信之，皆欲为乱。

李嗣源兵反，向京师，庄宗东幸汴州，而嗣源先入。庄宗至万胜，不得进而还。军士离散，尚有二万余人。居数日，庄宗复东幸汜水，谋扼关以为拒。四月丁亥朔，朝群臣于中兴殿①，宰相对三刻罢。从驾黄甲马军阵于宣仁门，步军阵于五凤门以俟。庄宗入食内殿，从谦自营中露刃注矢，驰攻兴教门，与黄甲军相射。庄宗闻乱，率诸王卫士击乱兵出门。乱兵纵火焚门，缘城而入，庄宗击杀数

---

① 按：庄宗殁于洛阳，中兴殿、绛霄殿皆在洛中。传但云东幸汜水，而不言还洛，亦为疏漏。

十百人。乱兵从楼上射帝,帝伤重,踣于绛霄殿廊下,自皇后、诸王左右皆奔走。至午时,帝崩。五坊人善友聚乐器而焚之。嗣源入洛,得其骨,葬新安之雍陵。以从谦为景州刺史,已而杀之。

《传》曰:"君以此始,必以此终。"庄宗好伶,而弑于门高,焚以乐器,可不信哉!可不戒哉!

宦者传

呜呼！自古宦、女之祸深矣。明者未形而知惧，暗者患及而犹安焉，至于乱亡而不可悔也。虽然，不可以不戒。作《宦者传》。

张承业

张承业，字继元，唐僖宗时宦者也。本姓康，幼阉，为内常侍张泰养子。晋王兵击王行瑜，承业数往来兵间，晋王喜其为人。及昭宗为李茂贞所迫，将出奔太原，乃先遣承业使晋以道意，因以为河东监军。

其后崔胤诛宦者，宦官在外者，悉诏所在杀之。晋王怜承业，不忍杀，匿之斛律寺。昭宗崩，乃出承业，复为监军。

宦者传

晋王病且革，以庄宗属承业曰："以亚子累公等！"庄宗常兄事承业，岁时升堂拜母，甚亲重之。庄宗在魏，与梁战河上十余年，军国之事，皆委承业，承业亦尽心不懈。凡所以畜积金粟，收市兵马，劝课农桑，而成庄宗之业者，承业之功为多。自贞简太后、韩德妃、伊淑妃及诸公子在晋阳者，承业一切以法绳之，权贵皆敛手畏承业。

庄宗岁时自魏归省亲，须钱蒱①博，赏赐伶人；而承业主藏，钱不可得。庄宗乃置酒库中，酒酣，使子继岌为承业起舞，舞罢，承业出宝带、币、马为赠。庄宗指钱积②呼继岌小字以语承业曰："和哥乏钱，可与钱一积，何用带、马为也！"承业谢曰："国家钱，非臣所得私也。"庄宗以语侵之，承业怒曰："臣，老敕使③，非为子孙计，惜此库钱，佐王成霸业尔！若欲用之，何必问臣？财尽兵散，岂独臣受祸也？"庄宗顾元

---

① 蒱，pú，摴蒱戏，为古博戏，犹后世之掷色。今通称赌博曰摴蒱。
② 积，堆叠。钱积，谓钱堆。
③ 敕使，天子敕命之官。

行钦曰:"取剑来!"承业起,持庄宗衣而泣曰:"臣受先王顾托之命,誓雪家国之仇;今日为王惜库物而死,死不愧于先王矣!"阎宝从旁解承业手令去,承业奋拳欧宝踣,骂曰:"阎宝!朱温之贼!蒙晋厚恩,不能有一言之忠,而反谄谀自容耶?"太后闻之,使召庄宗。庄宗性至孝,闻太后召,甚惧,乃酌两卮谢承业曰:"吾杯酒之失,且得罪太后;愿公饮此,为吾分过!"承业不肯饮。庄宗入内,太后使人谢承业曰:"小儿忤公,已笞之矣!"明日,太后与庄宗俱过承业第,慰劳之。

卢质嗜酒傲忽,自庄宗及诸公子多见侮慢,庄宗深嫉之。承业乘间请曰:"卢质嗜酒无礼,臣请为王杀之!"庄宗曰:"吾方招纳贤才以就功业,公何言之过也!"承业起贺曰:"王能如此,天下不足平也!"质因此获免。

天祐十八年,庄宗已诺诸将即皇帝位。承业方卧病,闻之,自太原肩舆至魏,谏曰:"大王父子与梁血战三十年,本欲雪家国之仇,而复唐之社稷。今元凶①未灭，而遽以尊名自居，非王父子之初心，且失天下望，不可。"庄宗谢曰："此诸将之所欲也。"承业曰："不然。梁，唐、晋之仇贼，而天下所共恶也。今王诚能为天下去大恶，复列圣之深仇，然后求唐后而立之。使唐之子孙在，孰敢当之？使唐无子孙，天下之士，谁可与王争者？臣，唐家一老奴耳。诚愿见大王之成功，然后退身田里，使百官送出洛东门，而令路人指而叹曰：'此本朝敕使，先王时监军也。'岂不臣主俱荣哉！"庄宗不听。承业知不可谏，乃仰天大哭曰："吾王自取之，误老奴矣！"肩舆归太原，不食而卒，年七十七。同光元年，赠左武卫上将军，谥曰正宪。

张居翰　李绍宏　孟汉琼

张居翰，字德卿，故唐掖廷②令张从玫之养子。昭宗时，为范阳军监军，与节度使刘仁恭相善。天复中，大诛宦者，仁恭匿居翰大安山之北溪以免。

---

① 元凶，犹元恶、首恶。
② 掖庭，宫中旁舍，后宫嫔妃所居之地，别于正宫而言。

其后,梁兵攻仁恭,仁恭遣居翰从晋王攻梁潞州以牵其兵,晋遂取潞州,以居翰为昭义监军。

庄宗即位,与郭崇韬并为枢密使。庄宗灭梁而骄,宦官因以用事,郭崇韬又专任政,居翰默默,苟免而已。

魏王破蜀,王衍朝京师,行至秦川①,而明宗军变于魏。庄宗东征,虑衍有变,遣人驰诏魏王杀之。诏书已印画②,而居翰发视之。诏书言"诛衍一行③",居翰以谓杀降不祥,乃以诏傅柱,揩去"行"字,改为"一家"。时蜀降人与衍俱东者千余人,皆获免。

庄宗遇弑,居翰见明宗于至德宫,求归田里。天成三年,卒于长安,年七十一。

五代文章陋矣!而史官之职废于丧乱,传记小说多失其传。故其事迹终始不完,而杂以讹缪④。至于英豪奋起、战争胜败、国家兴废之际,岂无谋

---

① 陕西谓之秦川,亦曰关中。
② 印画,盖印画行。
③ 一行,言一路同行之降人。
④ 讹,é。缪,miù,通"谬",错,诈。

宦者传

臣之略、辩士之谈？而文字不足以发之，遂使泯然无传于后世。然独张承业事卓卓在人耳目，至于故老犹能道之。其论议可谓杰然欤！殆非宦者之言也。

自古宦者乱人之国，其源深于女祸。女，色而已；宦者之害，非一端也。盖其用事也，近而习；其为心也，专而忍。能以小善中人之意，小信固人之心，使人主必信而亲之。待其已信，然后惧以祸福而把持之。虽有忠臣硕士列于朝廷，而人主以为去己疏远，不若起居饮食、前后左右之亲为可恃也。故前后左右者日益亲，则忠臣硕士日益疏，而人主之势日益孤。势孤，则惧祸之心日益切，而把持者日益牢。安危出其喜怒，祸患伏于帷闼①；则向之所谓可恃者，乃所以为患也。患已深而觉之，欲与疏远之臣图左右之亲近；缓之则养祸而益深，急之则挟人主以为质；虽有圣智，不能与谋。谋之而不可为，为之而不可成；至其甚，则俱伤而两败。故其大者亡国，其次亡身，而使奸豪得借以为资而

---

① 帷，幔，幕。闼，门，又宫中小门。帷闼，意谓宫禁之内。

起，至抉①其种类，尽杀以快天下之心而后已。此前史所载宦者之祸常如此者，非一世也。

夫为人主者，非欲养祸于内而疏忠臣硕士于外，盖其渐积而势使之然也。夫女色之惑，不幸而不悟，则祸斯及矣；使其一悟，捽而去之可也。宦者之为祸，虽欲悔悟，而势有不得而去也，唐昭宗之事②是已。故曰"深于女祸"者，谓此也。可不戒哉！

昭宗信狎宦者，由是有东宫之幽。既出而与崔胤图之。胤为宰相，顾力不足为，乃召兵于梁。梁兵且至，而宦者挟天子走之岐。梁兵围之三年，昭宗既出，而唐亡矣。

初，昭宗之出也，梁王悉诛唐宦者第五可范等七百余人，其在外者，悉诏天下捕杀之，而宦者多为诸镇所藏匿而不杀。是时，方镇僭拟，悉以宦官给事，而吴越最多。及庄宗立，诏天下访求故唐时宦者悉送京师，得数百人，宦者遂复用事，以至

---

① 抉，搜取。
② 唐昭宗之事，见下文。

于亡。此何异求已覆之车，躬驾而履其辙也，可为悲夫！

庄宗未灭梁时，承业已死。其后居翰虽为枢密使而不用事。有宣徽使马绍宏者，尝赐姓李，颇见信用。然诬杀大臣，黩货赂①，专威福，以取怨于天下者，左右狎昵，黄门内养之徒也。

是时，明宗自镇州入觐，奉朝请于京师。庄宗颇疑其有异志，阴遣绍宏伺其动静。绍宏反以情告明宗。明宗自魏而反，天下皆知祸起于魏，孰知其启明宗之二心者，自绍宏始也。郭崇韬已破蜀，庄宗信宦者言而疑之。然崇韬之死，庄宗不知，皆宦者为之也。当此之时，举唐之精兵皆在蜀。使崇韬不死，明宗入洛，岂无西顾之患？其能晏然取唐而代之耶？

及明宗入立，又诏天下悉捕宦者而杀之。宦者亡窜山谷，多削发为浮图②。其亡至太原者七十余

---

① 黩货赂，犹言贪得货赂。
② 浮图，一作"浮屠"，皆"佛陀"之异译。佛教为佛所创，古人因称佛教徒为浮图。

人，悉捕而杀之都亭驿[1]，流血盈庭。

明宗晚而多病，王淑妃专内以干政，宦者孟汉琼因以用事。秦王入视，明宗疾已革，既出而闻哭声，以谓帝崩矣，乃谋以兵入宫者，惧不得立也。大臣朱弘昭等方图其事，议未决，汉琼遽入见明宗，言秦王反，即以兵诛之，陷秦王大恶，而明宗以此饮恨而终。后愍帝奔于卫州，汉琼西迎废帝于潞，废帝恶而杀之。

呜呼！人情处安乐，自非圣哲，不能久而无骄怠。宦、女之祸非一日，必伺人之骄怠而浸入之。明宗非佚君，而犹若此者，盖其在位差久也。其余多武人崛起，及其嗣续，世数短而年不永，故宦者莫暇施为。其为大害者，略可见矣。独承业之论，伟然可爱；而居翰更一字以活千人。君子之于人也，苟有善焉，无所不取。吾于斯二人者有所取焉。取其善而戒其恶，所谓"爱而知其恶，憎而知其善"也。故并述其祸败之所以然者著于篇。

---

[1] 都亭驿，即上原驿。按，《五代会要》："晋天福五年九月，改东京上原驿为都亭驿。"上原驿，见《史建瑭传》注。

杂传

刘守光

刘守光,深州^①乐寿^②人也。其父仁恭,事幽州李可举^③,能穴地为道以攻城,军中号"刘窟头"。稍以功迁军校。仁恭为人有勇,好大言。可举死,子匡威恶其为人,不欲使居军中,徙为瀛州^④景城^⑤县令。瀛州军乱,杀刺史,仁恭募县中得千人,讨平之。匡威喜,复以为将,使戍蔚州^⑥。戍兵过期不

---

① 深州,在今河北深州市。
② 乐寿,县名,故城在今河北献县。
③ 李可举,茂勋子。代父为卢龙节度使,尝约吐浑共图李克用,兵败,惧得罪,反攻幽州,可举度不支,自燔死。
④ 瀛州,在今河北河间市。
⑤ 景城,本沧州,在今河北沧州市。
⑥ 蔚州,在今河北蔚县。

得代，皆思归，出怨言。匡威为弟匡俦①所逐，仁恭闻乱，乃拥戍兵攻幽州。行至居庸关②，战败，奔晋。晋以为寿阳③镇将。

仁恭多智诈，善事人，事晋王爱将盖寓④尤谨。每对寓涕泣，自言："居燕无罪，以谗见逐。"因道燕虚实，陈可取之谋，晋王益信而爱之。乾宁元年，晋击破匡俦，乃以仁恭为幽州留后，留其亲信燕留得等十余人监其军，为之请命于唐，拜检校司空、卢龙军节度使。其后晋攻罗弘信⑤，求兵于仁恭，仁恭不与，晋王以书微责诮之，仁恭大怒，执晋使者，杀燕留得等以叛。晋王自将讨之，战于安塞⑥，晋王大败。

---

① 按：匡俦，《唐臣传》作"匡筹"。
② 居庸关，在今北京市昌平区西北。两山夹峙，悬崖峭壁，为天下九塞之一。
③ 寿阳，今山西寿阳县。
④ 盖寓，蔚州人。事克用为都押牙，累授检校太傅，封成阳郡公。性通黠多智数，克用性严急，惟寓规其趋向，多所参裨，在诸将中最推亲信。家精于府馔，克用非寓家所献不食。恩宠之洽，时无与比。
⑤ 罗弘信，贵乡人，字德符。知魏州留后，再加节度使。朱全忠亟讨兖、郓，惧弘信贰，兄事之。累加侍中，封临清郡王，卒，赐谥庄肃。
⑥ 安塞，非今陕西延安市安塞区，盖燕、晋间之厄塞。

杂传

光化元年，遣其子守文袭沧州[1]，逐节度使卢彦威，遂取沧、景、德[2]三州，为其子请命于唐。昭宗迟之，未即从。仁恭怒，语唐使者曰："为我语天子：旌节吾自有，但要长安本色尔。何屡求而不得邪？"昭宗卒以守文为横海军[3]节度使。

仁恭父子率两镇兵十万，号称三十万以击魏，屠贝州。罗绍威求救于梁，梁遣李思安救魏，大败守文于内黄[4]，斩首五万。仁恭走，梁军追击之，自魏至长河[5]，横尸数百里。梁军自是连岁攻之，破其瀛、鄚[6]二州。仁恭惧，复附晋。

天祐三年，梁攻沧州，仁恭调其境内凡男子年十五已上、七十已下，皆黥[7]其面，文曰"定霸都"，得二十万人。兵粮自具，屯于瓦桥。梁军壁长芦[8]，深沟高垒，仁恭不能近。沧州被围百余日，

---

[1] 沧州，今河北沧州市。
[2] 德，今山东德州市。
[3] 横海军，治沧州，见前注。
[4] 内黄，今河南内黄县。
[5] 长河，即德州，见前注。
[6] 鄚，在今河北任丘市境。
[7] 古墨刑谓之黥，犹清时之刺字。
[8] 长芦，故城在今河北沧州市西北。

城中食尽,人自相食,析骸而爨,或丸堇土①而食,死者十六七。仁恭求救于晋,晋王为之攻潞州以牵梁围,晋破潞州,梁军乃解去。

然仁恭幸世多故而骄于富贵,筑宫大安山,穷极奢侈,选燕美女充其中。又与道士炼丹药,冀可不死。令燕人用堇土为钱,悉敛铜钱,凿山而藏之,已而杀其工以灭口,后人皆莫知其处。

仁恭有爱妾罗氏,其子守光烝②之。仁恭怒,笞守光,逐之。梁开平元年,遣李思安攻仁恭。仁恭在大安山,守光自外将兵以入,击走思安,乃自称卢龙节度使。遣李小喜、元行钦以兵攻大安山,执仁恭而幽之。

其兄守文闻父且囚,即率兵讨守光。至于卢台③,为守光所败。进战玉田④,又败,乃乞兵于契丹。明年,守文将契丹、吐浑兵四万人战于鸡苏⑤,

---

① 堇土,即俗谓干子土。校订者按:干子土即白色土,可做玻璃原料,故能铸假钱。
② 上淫曰烝。校订者按:谓晚辈与长辈通奸。
③ 卢台,按当在今河北东北境。
④ 玉田,今河北玉田县。
⑤ 鸡苏,按亦当在河北东北境。

守光兵败。守文阳为不忍,出于阵而呼其众曰:"毋杀吾弟!"守光将元行钦识守文,跃马而擒之。又囚之于别室,既而杀之。守文将吏孙鹤、吕兖等立守文子延祚以距守光。守光围之百余日,城中食尽,米斗直钱三万,人相杀而食,或食墐土,马相食其鬃尾,兖等率城中饥民食以曲①,号"宰务",日杀以饷军。久之,延祚力穷,遂降。

守光素庸愚,由此益骄。为铁笼、铁刷,人有过者,坐之笼中,外燎以火,或刷剔其皮肤以死。燕之士逃祸于他境。守光身衣赭黄,谓其将吏曰:"我衣此而南面,可以帝天下乎?"孙鹤切谏,以为不可。

梁攻赵,赵王王镕求救于守光,孙鹤曰:"今赵无罪而梁伐之,诸侯救赵之兵,先至者霸。臣恐燕军未出,而晋已先破梁矣。此不可失之时也。"守光曰:"赵王尝与我盟而背之,今急,乃来归我;

---

① 蒸麦置暖室,霉,则捣之成块,曝干,用以酿酒者,谓之曲。亦谓之酒母。

且两虎方斗,可待之,吾当为卞庄子①也。"遂不出兵。晋王果救赵,大败梁兵于柏乡,进掠邢、洺,至于黎阳。

守光闻晋空国深入梁,乃治兵戒严,遣人以语动镇、定曰:"燕有精兵三十万,率二镇以从晋,然谁当主此盟者?"晋人患之,谋曰:"昔夫差争黄池②之会而越入吴,项羽贪伐齐之利而汉败楚。今吾越千里以伐人,而强燕在其后,此腹心之患也。"乃为之班师。

守光以为诸镇畏其强,乃讽诸镇共推尊己。于是晋王率天德③宋瑶、振武周德威、昭义李嗣昭、义武④王处直⑤、成德王镕等,以墨制册,尊守光为尚书令、尚父⑥。守光又遣告于梁,请授己河北

---

① 卞庄子,鲁卞邑大夫。有勇力,尝刺虎,管竖子止之,曰:"两虎方食牛,牛甘必斗,斗则大者伤,小者亡。从伤而刺,一举必有两获。"卞庄子然之,果获两虎。
② 黄池,春秋地名,在今河南封丘县西南。
③ 天德,故城在今内蒙古巴彦淖尔市。
④ 义武,治定州,见前《刘郭传》注。
⑤ 王处直,字允明。梁太祖表为义武节度。后遣人至晋,愿绝梁以自效。晋与梁战河上十余年,常以兵从。后为养子都所杀。
⑥ 吕尚相武王,以有天下,武王尊之为"师尚父"。

兵马都统,以讨镇、定、河东。梁遣阁门使王瞳拜守光河北采访使。有司白守光,尚父受册,用唐册太尉礼仪。守光问曰:"此仪注何不郊天改元?"有司曰:"此天子之礼也;尚父虽尊,乃人臣耳。"守光怒曰:"我为尚父,谁当帝者乎?且今天下四分五裂,大者称帝,小者称王,我以二千里之燕,独不能帝一方乎?"乃械梁、晋使者下狱,置斧锧于其庭,令曰:"敢谏者死!"孙鹤进曰:"沧州之败,臣蒙王不杀之恩;今日之事,不敢不谏。"守光怒,推之伏锧,令军士割而啖之。鹤呼曰:"不出百日,大兵当至!"命窒其口而醢①之。守光遂以梁乾化元年八月自号大燕皇帝,改元曰应天。以王瞳、齐涉为左、右相。

晋遣太原少尹李承勋贺册尚父,至燕而守光已僭号。有司迫承勋称臣,承勋不屈,以列国交聘礼入见。守光怒,杀之。

明年,晋遣周德威将三万人,会镇、定之兵以

---

① 醢,hǎi,肉酱。

攻燕。自祈沟关①入，其澶、涿、武②、顺③诸州皆迎降。守光被围经年，累战常败，乃遣客将王遵化致书于德威曰："予得罪于晋，迷而不复，今其病矣，公善为我辞焉。"德威谓遵化曰："大燕皇帝尚未郊天，何至此耶？予受命以讨僭乱，不知其他也。"守光益窘，乃献绢千匹、银千两、锦百段，遣其将周遵业谓德威曰："吾王以情告公：富贵成败，人之常理；录功宥过，霸者之事也。守光去岁妄自尊崇，本不能为朱温下耳。岂意大国暴师经年，幸少宽之！"德威不许。守光登城呼德威曰："公三晋④贤士，独不急人之危乎？"遣人以所乘马易德威马而去，因告曰："俟晋王至，则降。"晋王乃自临军，守光登城见晋王。晋王问将如何，守光曰："今日俎上肉⑤耳，惟王所为也！"守光有嬖者李小

---

① 祈沟关，疑即祁沟关，见前《周德威传》注。
② 武，今河北张家口市。
③ 顺，在今北京市顺义区。
④ 春秋时，韩、赵、魏三氏仕晋为卿，其后分晋，各立为国，是为三晋。据今山西、河南及河北西南部之地。
⑤ 俎上肉，喻受人窝割，无所逃避。按：俎，庖厨所用器，俗谓之刀砧板。

喜，劝其毋降，守光因请俟他日。是夕，小喜叛降于晋军。明旦，晋军攻破其城，执仁恭及其家族三百口。

守光与其妻李氏、祝氏，子继珣、继方、继祚等南走沧州，迷失道。至燕乐①界中，数日不得食，遣其妻祝氏乞食于田家。田家怪而诘之，祝氏以实告，乃被擒送幽州。晋王方大飨军，客将引守光见。晋王戏之曰："主人何避客之遽邪？"守光叩头请死。命械守光并其父仁恭以从军。军还，过赵，赵王王镕会晋王，置酒。酒酣，请曰："愿见仁恭父子。"晋王命破械出之，引置下坐。饮食自若，皆无惭色。

晋王至太原，仁恭父子曳以组练②，献于太庙。守光将死，泣曰："臣死无恨，然教臣不降者，李小喜也，罪人不死，臣将诉于地下。"晋王使召小喜，小喜瞋目曰："囚父弑兄，烝其骨肉，亦小喜教尔邪！"晋王怒，命先斩小喜。守光知不免，呼

---

① 燕乐，在今北京市密云区。
② 组，绶属，俗谓之丝绦。练，通"链"，铁环相连，以锁系物者曰链。曳以组练，谓以绳物锁而牵之。

曰:"王将复唐室以成霸业,何不赦臣使自效?"其二妇从旁骂曰:"事已至此,生复何为?愿先死!"乃俱死。晋王命李存霸执仁恭至雁门,刺其心血以祭先王墓,然后斩之。

李茂贞

李茂贞,深州博野①人也。本姓宋,名文通,为博野军卒,戍凤翔。黄巢犯京师,郑畋②以博野军击贼,茂贞以功自队长迁军校。光启元年,朱玫③反,僖宗出居兴元④。玫遣王行瑜攻大散关⑤,茂贞与保銮都将李铤等败行瑜于大唐峰⑥。明年,玫遂

---

① 博野,今河北博野县。
② 郑畋,字台父。第进士。僖宗朝以兵部侍郎进同平章事。黄巢起兵,畋时为凤翔节度使,先诸军破之。后以太子太保致仕,卒谥文昭。
③ 朱玫,唐邠州人。少以材武为州戍将,以讨黄巢功,擢晋州刺史,进邠宁节度使,封吴兴侯。僖宗幸凤翔,玫劫嗣襄王煴为帝,自号大丞相,专决万机。及王行瑜败,闻唐重赏购得之,乃倍道趋长安,为军人所斩。
④ 按:《旧唐书·僖宗纪》在光启二年三月。
⑤ 大散关,在今陕西宝鸡市西南,为秦、蜀往来之要道。
⑥ 大唐峰,约在今陕西宝鸡市大散关附近。

败死。茂贞以功自扈跸都头①拜武定军②节度使，赐以姓名，扈跸东归。至凤翔，凤翔节度使李昌符与天威都头杨守立争道，以兵相攻。昌符不胜，走陇州。僖宗遣茂贞击杀昌符，以功拜凤翔、陇右③节度使。大顺元年，封陇西郡王。

二年，枢密使杨复恭得罪，奔于兴元。兴元节度使杨守亮，复恭之养子也，纳之。茂贞乃上书言复恭父子罪皆当诛，因自请为山南招讨使。昭宗以宦者故，难之，未许。茂贞擅发兵攻破兴元，复恭父子见杀。

茂贞表其子继密权知兴元军府事。昭宗乃徙茂贞山南西道节度使，以宰相徐彦若④镇凤翔。茂贞不奉诏，上表自论曰："但虑军情忽变，戎马难羁；徒令甸服⑤生灵，因兹受弊，未审乘舆播越⑥，自此

---

① 扈跸，与"扈驾"义同，谓随从天子车驾。都头，军官。唐际田令孜募神策新军，为五十四都。每都领一都将，曰都头。五代因之。
② 武定军，治洋州，在今陕西洋县。
③ 陇右，治鄯州，在今青海海东市乐都区。
④ 徐彦若，咸通进士，昭宗时累迁同中书门下平章事，进位太保，封齐国公，最见亲信。崔胤专政，出彦若为清海军节度使卒。
⑤ 甸服，畿内区域之名。《尚书·禹贡》："五百里甸服。"
⑥ 播越，谓流离失所。

何之?"昭宗以茂贞表辞不逊,不能忍,以问宰相杜让能①。让能以谓:"茂贞地大兵强,而唐力未可以致讨;凤翔又近京师,易以自危而难于后悔。他日虽欲诛晁错②以谢诸侯,恐不能也。"昭宗怒曰:"吾不能孱孱③,坐受凌④弱!"乃责让能治兵,而以覃王嗣周为京西招讨使。令下,京师市人皆知不可,相与聚承天门,遮宰相,请无举兵,争投瓦石击宰相;宰相下舆而走,亡其堂印。人情大恐,昭宗意益坚。覃王率扈驾军五十四都⑤战于盩厔⑥,唐军败溃。茂贞遂犯京师,屯于三桥⑦。昭宗御安福门,杀两枢密以谢茂贞,使罢兵。茂贞素与让能有

---

① 杜让能,字群懿。第进士,以孝闻。自僖宗狩蜀,至走宝鸡,进狩梁,让能均在帝侧。擢兵部侍郎、同平章事。昭宗立,封晋国公,进太尉。余详本传。
② 晁错,汉颍川人,号"智囊"。景帝时,为御史大夫,请削诸侯枝郡,吴、楚等七国遂反,以诛错为名。袁盎进说,衣朝衣斩东市。
③ 孱孱,懦弱。
④ 凌,侵犯。
⑤ 唐末军队多以都为号,如杨行密之黑云都、刘仁恭之定霸都、李克用之落雁都等皆是。
⑥ 盩,zhōu。厔,zhì。盩厔,今陕西周至县。
⑦ 三桥,在今陕西西安市长安区。

隙，因曰："谋举兵者，非两枢密，乃让能也。"陈兵临皋驿，请杀让能。让能曰："臣故先言之矣！惟杀臣可以纾国难。"昭宗泣下沾襟，贬让能雷州司户参军，赐死，茂贞乃罢兵。

明年，河中节度使王重盈卒，其诸子珂、珙争立。晋王李克用请立珂。茂贞与韩建、王行瑜请立珙，昭宗不许。茂贞等怒，率三镇兵犯京师，谋废昭宗，立吉王保。未果，而晋王亦举兵。茂贞惧，乃杀宰相韦昭度、李磎①，留其养子继鹏以兵二千宿卫而去。晋兵至河中，继鹏与行瑜弟行实等争劫昭宗出奔，京师大乱。昭宗出居于石门②。茂贞以兵至鄠县③，斩继鹏自赎。晋兵已破王行瑜，还军渭北，请击茂贞。昭宗以谓晋远而茂贞近，因欲庇之以为德，而冀缓急之可恃也，且茂贞已杀其子自赎矣，乃诏罢归晋军。克用叹曰："唐不诛

---

① 李磎，字景望。大中进士，累迁户部郎中，分司东都，进礼部尚书、同平章事。崔昭纬、李茂贞嫉之，罢为太子少师。寻为茂贞所害。磎家有书至万余卷，号"李书楼"。所著文章诗解甚多。
② 石门，在四川高县南。
③ 鄠，hù。鄠县，今陕西户县。

茂贞，忧未已也！"

昭宗自石门还，益募安圣、捧宸等军万余人，以诸王将之。茂贞谓唐将讨己，亦治兵请觐，京师大恐，居人亡入山谷，茂贞遂犯京师。昭宗遣覃王拒之，覃王至三桥，军溃。昭宗出居于华州，遣宰相孙偓①以兵讨茂贞，韩建为茂贞请，乃已。久之，加拜茂贞尚书令，封岐王②。

其后，昭宗为宦者所废，既反正，宰相崔胤欲借梁兵诛诸宦者，阴与梁太祖谋之。中尉③韩全诲等亦倚茂贞之强，以为外援。茂贞遣其子继筠以兵数千宿卫京师。宦者恃岐兵，益骄不可制。天复元年，胤召梁太祖以西。梁军至同州，全诲等惧，与继筠劫昭宗幸凤翔，梁军围之逾年。

茂贞每战辄败，闭壁不敢出，城中薪食俱尽，

---

① 孙偓，唐武遂人，字龙光。第进士。昭宗时，累官户部侍郎、同平章事，封乐安县侯。性通简，不矫饰。后贬衡州司马卒。
② 此事不著年月。据《通鉴》则为天复元年正月事。考《旧唐书·昭宗纪》，景兴元年，以岐王李茂贞为兴元尹、山南西道节度使。是茂贞之封王已久。至景福二年十一月，制以凤翔节度使李茂贞守中书令，进封秦王。则已由岐而进王秦。传不应至是始封岐王。
③ 中尉，官名。唐中叶置神策军，以宦官为护军中尉统领之。

自冬涉春，雨雪不止，民冻饿死者日以千数。米斗直钱七千，至烧人屎煮尸而食。父自食其子，人有争其肉者，曰："此吾子也，汝安得而食之！"人肉斤直钱百，狗肉斤直钱五百。父甘食其子，而人肉贱于狗。天子于宫中设小磨，遣宫人自屑豆麦以供御。自后宫、诸王十六宅，冻馁而死者日三四。城中人相与邀遮茂贞，求路以为生。茂贞穷急，谋以天子与梁以为解。昭宗谓茂贞曰："朕与六宫皆一日食粥，一日食不托[①]，安能不与梁和乎！"三年正月，茂贞与梁约和，斩韩全诲等二十余人，传首梁军，梁围解。天子虽得出，然梁遂劫东迁而唐亡。茂贞非惟亡唐，亦自困矣。及梁太祖即位，诸侯之强者皆相次称帝；独茂贞不能，但称岐王，开府置官属[②]，以妻为皇

---

① 不托，即馎饦。唐人谓汤饼为不托。《演繁露》谓：古之汤饼，皆手搏而擘置汤中，后世用刀几，乃名不托。言不以掌托。校订者按：犹今之面片。
② 按，《廿二史考异》："今凤翔法门寺有碑，题云：'大唐秦王重修法门寺塔庙记，天祐十九年二月，礼部郎中薛昌序撰文。'盖茂贞称制时所立。称茂贞为秦王，不云岐王。然则唐亡以后，茂贞自称秦王，可证也。岐者，一州之名；秦者，大国之号。茂贞在昭宗朝已封秦王，必不舍秦而称岐；且同时吴、晋、燕、赵诸镇皆取大国名，茂贞何故辄自贬降？必不然矣。"

后①,鸣梢羽扇②视朝,出入拟天子而已。

茂贞居岐,以宽仁爱物,民颇安之。尝以地狭赋薄,下令榷油。因禁城门无内松薪,以其可为炬也。有优者诮之曰:"臣请并禁月明!"茂贞笑而不怒。

初,茂贞破杨守亮,取兴元,而邠、宁③、鄜④、坊⑤皆附之,有地二十州。其被梁围也,兴元入于蜀。开平已后,邠、宁、鄜、坊入于梁,秦、凤、阶⑥、成⑦又入于蜀。当梁末年,所有七州而已。

庄宗已破梁,茂贞称岐王,上笺以季父行自处。及闻入洛,乃上表称臣,遣其子从曮来朝。庄宗以其耆⑧老,甚尊礼之,改封秦王⑨,诏书不名。

---

① 按,《廿二史考异》云:"当云'王后',盖取战国及汉初诸侯王妻称后之例。胡省三谓妻之贵逾于其夫者,妄也。"
② 鸣梢,仪仗中所用之器,振之发声,以使人肃静。羽扇,亦仪卫之器。
③ 宁,在今甘肃宁县。
④ 鄜,fū,在今陕西富县。
⑤ 坊,在今陕西黄陵县。
⑥ 阶,在今甘肃陇南市武都区。
⑦ 成,在今甘肃成县。
⑧ 六十曰耆。
⑨ 按,《廿二史考异》云:"因其旧封授之,锡以册命。"

同光二年，以疾卒，年六十九，谥曰忠敬。

从曮为人柔而善书画。茂贞承制拜从曮彰义军①节度使。茂贞卒，拜凤翔节度使。魏王继岌征蜀，为供军转运应接使。蜀平，继岌遣从曮部送王衍，行至凤翔，监军使柴重厚拒而不纳，从曮遂东至华州，闻庄宗之难，乃西归。

明宗入立，闻重厚尝拒从曮，遣人诛之。从曮上书，言重厚守凤翔，军民无所扰，愿贷其过。虽不许，士人以此多之。历镇宣武、天平。从曮有田千顷、竹千亩在凤翔，惧侵民利，未尝省理，凤翔人爱之。

废帝起凤翔，将行，凤翔人叩马乞从曮。废帝入立，复以从曮为凤翔节度使。卒年四十九②。

韩建

韩建，字佐时，许州长社③人也。少为蔡州军

---

① 彰义军，治泾州，在今甘肃泾川县。按，《通鉴》：同光二年，加中书令。
② 按《五代会要》，从曮在晋高祖朝使相之列。据"薛史"本纪，从曮以开运三年十月卒。则晋出帝朝，犹是使相。"欧史"不书其卒年，似卒于唐世。从曮有子永吉，见《苏逢吉传》。
③ 长社，故城在今河南长葛市。

校，隶忠武军将鹿晏弘，从杨复光攻黄巢于长安。巢已破，复光亦死，晏弘与建等无所属，乃以麾下兵西迎僖宗于蜀，所过攻劫。行至兴元，逐牛丛，据山南[①]。已而不能守，晏弘东走许州；建乃奔于蜀，拜金吾卫将军。

僖宗还长安，建为潼关防御使、华州刺史。华州数经大兵，户口流散。建少贱，习农事，乃披荆棘，督民耕植，出入闾里，问其疾苦。建初不知书，乃使人题其所服器皿床榻，为其名目以视之，久乃渐通文字。见《玉篇》[②]，喜曰："吾以类求之，何所不得也！"因以通音韵声偶，暇则课学书史。是时，天下已乱，诸镇皆武夫，独建抚绥兵民，又好学。荆南成汭[③]时冒姓郭，亦善缉荆楚。当时号为"北韩南郭"。

大顺元年，以兵属张濬伐晋。濬败，建自含

---

① 山南，今终南、太华之南。唐十道之一。
② 《玉篇》，书名，梁顾野王撰，三十卷。《说文》讨篆籀之源，《玉篇》疏隶变之流，于文字训诂，所系甚重。
③ 成汭，青州人。少无行，使酒杀人，亡为僧。入蔡军中，为军将假子，更姓名为郭禹。后降归荆南节度使陈儒。张瓌囚儒，汭袭取归州，昭宗使为荆南留后。后为李神福所破，投江死。

山遁归。河中王重盈死,诸子珂、珙争立。晋人助珂。建与王行瑜、李茂贞助珙,昭宗不许。建等大怒,以三镇兵犯京师。昭宗见建等责之,行瑜、茂贞惶恐战汗,不能语,独建前自陈述。乃杀宰相韦昭度、李磎等,谋废昭宗。会晋举兵且至,建等惧,乃还。晋兵问罪三镇,兵傅华州。建登城呼曰:"弊邑未尝失礼于大国,何为见攻?"晋人曰:"君以兵犯天子,杀大臣,是以讨也。"已而与晋和。

乾宁三年,李茂贞复犯京师,昭宗将奔太原,次渭北。建遣子允请幸华州。昭宗又欲如鄜州,建追及昭宗于富平①,泣曰:"藩臣倔强,非止茂贞。若舍近畿而巡极塞②,乘舆渡河,不可复矣!"昭宗亦泣,遂幸华州。

是时,天子孤弱,独有殿后军及定州三都将李筠等兵千余人为卫,以诸王将之。建已得昭宗幸其镇,遂欲制之,因请罢诸王将兵,散去殿后诸军。

---

① 富平,今陕西富平县。
② 极塞,犹言边塞。

累表不报。昭宗登齐云楼,西北顾望京师,作《菩萨蛮》①辞三章以思归。其卒章曰:"野烟生碧树,陌上行人去。安得有英雄,迎归大内中?"酒酣,与从臣悲歌泣下,建与诸王皆属和之。建心尤不悦,因遣人告"诸王谋杀建,劫天子幸他镇"。昭宗召建,将辨之,建称疾不出,乃遣诸王自诣,建不见,请送诸王十六宅,昭宗难之。建乃率精兵数千围行宫,请诛李筠。昭宗大惧,遽诏斩筠,悉散殿后及三都卫兵,幽诸王于十六宅。昭宗益悔幸华,遣延王戒丕使于晋,以谋兴复。戒丕还,建与中尉刘季述诬诸王谋反,以兵围十六宅,诸王皆登屋叫呼,遂见杀。昭宗无如之何,为建立德政碑以慰安之。

建已杀诸王,乃营南庄,起楼阁,欲邀昭宗游幸,因以废之而立德王裕。其父叔丰谓建曰:"汝陈、许间一田夫尔!遭时之乱,蒙天子厚恩至此。欲以两州百里之地行大事,覆族之祸,吾不忍见,

---

① 《菩萨蛮》,曲调名。唐大中初,女蛮国入贡,其人危髻金冠,璎珞被体,人谓之"菩萨蛮"。当时倡优遂制《菩萨蛮》曲。一名《重叠金》,一名《子夜歌》。

不如先死！"因泣下歔欷。李茂贞、梁太祖皆欲发兵迎天子，建稍恐惧，乃止。

光化元年，昭宗还长安，自为建画像，封建颍川郡王，赐以铁券。建辞王爵，乃封建许国公。

梁太祖以兵向长安，遣张存敬①攻同州，建判官司马邺以城降，太祖使邺召建，建乃出降。太祖责建背己，建曰："判官李巨川之谋也。"太祖怒，即杀巨川，以建从行。

昭宗东迁，建从至洛。昭宗举酒属太祖与建曰："迁都之后，国步②小康；社稷安危，系卿两人。"次何皇后举觞。建蹑太祖足，太祖乃阳醉去。建出，谓太祖曰："天子与宫人眼语，幕下有兵仗声，恐公不免也。"太祖以故尤德之，表建平卢军节度使。

太祖即位，拜司徒、同中书门下平章事。

太祖性刚暴，臣下莫敢谏诤，惟建时有言，太

---

① 张存敬，谯郡人。少事梁太祖为将，善因危窘出奇计，屡有战功。累官宋州刺史。
② 国步，犹言国运。

祖亦优容①之。太祖郊于洛,建为大礼使。罢相,出镇许州。太祖崩,许州军乱,见杀,年五十八。

赵犨

赵犨,其先青州人也,世为陈州牙将。犨幼与群儿戏道中,部分行伍,指顾如将帅,虽诸大儿皆听其节度。其父叔文见之,惊曰:"大吾门者,此儿也!"及壮,善用弓剑,为人勇果,重气义。刺史闻其材,召置麾下。累迁忠武军马步军都虞候。

王仙芝寇河南,陷汝州,将犯东都。犨引兵击败之,仙芝乃南去。

已而黄巢起,所在州县,往往陷贼。陈州豪杰数百人相与诣忠武军,求得犨为刺史以自保。忠武军表犨陈州刺史。已而巢陷长安,犨语诸将吏曰:"以吾计,巢若不为长安市人所诛,必驱其众东走,吾州适当其冲矣。"乃治城池为守备,迁民六十里内者皆入城中,选其子弟,配以兵甲,以

---

① 优容,谓优异包容。

杂传

其弟昶、珝①为将。巢败,果东走,先遣孟楷据项城②,昶击破之,执楷以归。巢从后至,闻楷被执,大怒。既而秦宗权以蔡州附巢,巢势甚盛。乃悉众围犨,置舂磨,縻人之肉以为食。陈人恐,犨语其下曰:"吾家三世陈将,必能保此。尔曹男子,当于死中求生。建功立业,未必不因此时。"陈人皆踊跃。巢栅城北三里为八仙营,起宫阙,置百官,聚粮饷,欲以久弊之,其兵号二十万。陈人旧有巨弩数百,皆废坏,后生弩工皆不识其器。珝创意理之,弩矢激五百步,人马皆洞,以故巢不敢近。围凡三百日,犨食将尽,乃乞兵于梁。梁太祖与李克用皆自将会陈,击败巢将黄邺于西华③。西华有积粟,巢恃以为饷,及邺败,巢乃解围去。

梁太祖入陈州,犨兄弟迎谒马首甚恭。然犨阴识太祖必成大事,乃降心屈迹,为自托之计。以梁援己恩,为太祖立生祠,朝夕拜谒。以其子岩尚太祖女,是谓长乐公主。黄巢已去,秦宗权复乱淮

---

① 珝,xǔ。见《说文新附》。疑即"瑀"。
② 项城,今河南项城县。
③ 西华,今河南西华县。

西，陷旁二十余州。而陈去蔡最近，䶮兄弟力拒之，卒不能下。后巢、宗权皆败死，唐昭宗即以陈州为忠武军，拜䶮节度使。䶮已病，乃以位与其弟昶，后数月卒。

昶乘大寇新灭，乃休兵课农，事梁尤谨。梁兵攻战四方，昶馈挽供亿，未尝少懈。昶卒，珝代立。

珝颇知书，乃求邓艾①故迹，决翟王陂②溉民田。兄弟居陈二十余年，陈人大赖之。梁太祖已降韩建，取同、华，徙珝为同州留后。入唐，为右金吾卫上将军。岁余，以疾免官归，卒于家，陈人为之罢市。

䶮次子岩，梁末帝时为户部尚书、租庸使，与张汉杰、汉伦等居中用事。梁自太祖以暴虐杀戮为事，而末帝为人特和柔恭谨，然性庸愚，以汉杰妇家而岩婿也，故亲信之。大臣老将皆切齿，末帝独

---

① 邓艾，三国棘阳人，字士载。仕魏至镇西将军、都督陇右诸军事。魏伐蜀，艾督军自阴平入。蜀平，晋太尉。后为钟会所构，死于蜀。
② 翟王陂，按当在陈州境。陈州，见前《广王全昱传》注。

杂传

不悟，以至于亡。

初，友珪杀太祖自立，以末帝为东都留守。岩如东都，末帝与之饮酒，从容以诚款告之。岩为末帝谋，遣人召杨师厚兵起事。岩还西都，卒与袁象先以禁兵诛友珪，取传国宝以授末帝。

末帝立，岩自以有功于梁，又尚公主，闻唐驸马杜悰①位至将相，自奉甚丰，耻其不及。乃占天下良田大宅，裒②刻商旅，其门如市，租庸之物半入其私，岩饮食必费万钱。

故时，魏州牙兵骄，数为乱，罗绍威尽诛之。太祖崩，杨师厚逐罗氏，据魏州，复置牙兵二千，末帝患之。师厚死，岩与租庸判官邵赞议曰："魏为唐患，百有余年。自先帝时，尝切齿绍威，以其前恭而后倨。今先帝新弃天下，师厚复为陛下忧。所以然者，以魏地大而兵多也。陛下不以此时制之，宁知后人不为师厚也？不若分相、魏为两

---

① 悰，cóng。杜悰，字永裕。尚唐宪宗女岐阳公主，为驸马都尉。历武宗、懿宗两朝，官至太尉卒。悰虽出入将相，而厚自奉养，未尝荐达幽隐，时号"秃角犀"。
② 裒，póu，减。

镇，则无北顾之忧矣。"末帝以为然，乃分相、澶、卫为昭德军。牙兵乱，以魏博降晋，梁由是尽失河北。

是时，梁将刘郭等与庄宗相距澶、魏之间，兵数败。岩曰："古之王者必郊祀天地，陛下即位，犹未郊天，议者以为朝廷无异藩镇；如此，何以威重天下？今河北虽失，天下幸安，愿陛下力行之。"敬翔以为不可，曰："今府库虚竭，箕敛①供军；若行效禋②，则必赏赉。是取虚名而受实弊也。"末帝不听，乃备法驾幸西京，而庄宗取杨刘。或传："晋兵入东都矣！"或曰："扼汜水矣！"或曰："下郓、濮矣！"京师大风拔木，末帝大惧，从官相顾而泣。末帝乃还东都，遂不果郊。

镇州张文礼杀王镕，使人告梁曰："臣已北召契丹，愿梁以兵万人出德、棣州，则晋兵急矣。"敬翔以为然，岩与汉杰皆以为不可，乃止。其后黜王彦章，用段凝，皆岩力也。

---

① 箕敛，谓苛敛民财。
② 禋，yīn，洁祭。

庄宗兵将至汴，末帝惶惑不知所为，登建国楼以问群臣。或曰："晋以孤军远来，势难持久；虽使入汴，不能守也。宜幸洛阳，保崄以召天下兵徐图之，胜负未可知也。"末帝犹豫，岩曰："势已如此，一下此楼，何人可保！"末帝卒死于楼上。

当岩用事时，许州温韬尤曲事岩。岩因顾其左右曰："吾常待韬厚，今以急投之，必不幸吾为利。"乃走投韬，韬斩其首以献。庄宗已灭梁，岩素所善段凝奏请诛岩家属，乃族灭之。

呜呼！祸福之理，岂可一哉！君子小人之祸福异也。老子曰："祸兮福所倚，福兮祸所伏。"后世之谈祸福者，皆以其言为至论也。

夫为善而受福，焉得祸？为恶而受祸，焉得福？惟君子之罹[①]非祸者，未必不为福；小人之求非福者，未尝不及祸。此自然之理也。

始犨自以先见之明，深结梁太祖，及其子孙皆享其禄利，自谓知所托矣。安知其族卒与梁俱灭也！

---

① 罹，lí，遭受。

犨之求福于梁，盖老氏之所谓福也，非君子之所求也。不可戒哉！

李振

李振，字兴绪。其祖抱真，唐潞州节度使。振为唐金吾卫将军，拜台州①刺史。盗起浙东②，不果行，乃西归。过梁，以策干太祖，太祖留之。太祖兼领郓州，表振节度副使。

振奏事长安，舍梁邸③。宦官刘季述谋废昭宗，遣其侄希正因梁邸吏程岩见振曰："今主上严急，诛杀不辜，中尉惧及祸，将行废立，请与诸邸吏协力以定中外，如何？"振骇然曰："百岁奴事三岁主④，而敢尔邪！今梁王百万之师，方仗大义尊天子，君等无为此不祥也！"振还，季述卒与岩等废昭宗，幽之东宫，号太上皇，立皇太子裕为天子。是时，太祖用兵在邢、洺间，季述诈为太上皇诰告

---

① 台，tāi。台州，今浙江台州市。
② 浙东，浙江东部。为旧宁、绍、台、金、衢、严、温、处等府地。
③ 诸侯来朝所舍曰邸。又俗称王侯府第为邸。
④ 谓主奴之分不可因年龄异。

太祖，太祖犹豫，未知所为。振曰："夫竖刁、伊戾之乱[1]，所以为霸者资也。今阉宦作乱，天子危辱，此王仗义立功之时。"太祖大悟，乃因季述使者，遣振诣京师，见崔胤，谋出昭宗。昭宗返正，太祖大喜，执振手曰："卿谋得之矣！"

王师范以青州降梁，遣振往代师范，师范疑惧，不知所为。振曰："独不闻汉张绣[2]乎？绣与曹公为敌，然不归袁绍而归曹公者，知其志大，不以私仇杀人也。今梁王方欲成大事，岂以故怨害忠臣乎？"师范洗然[3]自释，乃西归梁。

昭宗迁洛，振往来京师，朝臣皆仄目，振视之若无人。有所小怒，必加谴谪。故振一至京师，朝廷必有贬降。时人目振为"鸱枭"。

太祖之弑昭宗也，遣振至京师，与朱友恭、氏叔琮谋之。昭宗崩，太祖问振所以待友恭等宜如

---

[1] 春秋时，宦者竖刁与易牙、开方等为齐桓公亲幸。桓公卒，竖刁等因作乱。伊戾，见《左传·襄公二十六年》，即寺人惠墙伊戾。伊戾谮杀太子痤于宋平公，后以事白，被烹。
[2] 张绣，汉祖厉人。随其叔父济与曹操为敌。后降曹，封宣威侯。官渡之役，力战有功，累迁破羌将军。卒谥定。
[3] 洗，涤，洁。洗然，谓毫无芥蒂。

何？振曰："昔司马氏杀魏君而诛成济[1]；不然，何以塞天下口？"太祖乃归罪友恭等而杀之。

振尝举进士咸通、乾符中，连不中，尤愤唐公卿。及裴枢[2]等七人赐死白马驿[3]，振谓太祖曰："此辈尝自言清流，可投之河，使为浊流也。"太祖笑而从之。

太祖即位，累迁户部尚书。友珪时，以振代敬翔为崇政院使。庄宗灭梁入汴，振谒见郭崇韬。崇韬曰："人言李振一代奇才，吾今见之，乃常人尔！"已而伏诛。

康延孝

康延孝，代北人也。为太原军卒，有罪亡命于梁。末帝遣段凝军于河上，以延孝为左右先锋指挥使。延孝见梁末帝任用群小，知其必亡，乃以百骑

---

[1] 成济，三国魏人。为太子舍人，党于司马昭。昭专政，魏主髦率众攻昭，济前刺魏主髦，刃出于背。昭乃归罪于济，捕杀之。
[2] 裴枢，字纪圣。咸通进士。昭宗时，以散骑常侍为汴州宣谕使。枢素与朱全忠相结纳，以全忠力，拜同平章事。哀帝嗣位，以忤全忠意，被杀。
[3] 白马驿，约在今陕西西安市区。

奔于唐。见庄宗于朝城，庄宗解御衣金带以赐之。拜延孝博州刺史、捧日军使，兼南面招讨指挥使。

庄宗屏人问延孝梁事，延孝具言："末帝懦弱。赵岩，婿也，张汉杰，妇家，皆用事。段凝奸邪，以入金多为大将，自其父时故将皆出其下。王彦章，骁将也，遣汉杰监其军而制之。小人进任而忠臣勇士皆见疏斥，此其必亡之势也。"

庄宗又问梁计如何。曰："臣在梁时，窃闻其议：'期以仲冬大举。遣董璋以陕、虢，泽、潞之众出石会①以攻太原，霍彦威以关西、汝、洛之兵掠邢、洺以趋镇、定，王彦章以京师禁卫击郓州，段凝以河上之军当陛下。'"庄宗初闻延孝言梁必亡，喜；及闻其大举也，惧。曰："其将何以御之？"延孝曰："梁兵虽众，分则无余。臣请待其既分，以铁骑五千自郓趋汴，出其不意，捣其空虚，不旬日，天下定矣。"庄宗甚壮其言。后董璋等虽不出兵，而梁兵悉属段凝于河上，京师无备，庄宗卒用延孝策，自郓入汴，凡八日而灭梁。以功

---

① 石会，约当在今山西南部。

拜郑州防御使，赐姓名曰李绍琛。二年①，迁保义军节度使。

三年，征蜀，以延孝为先锋排阵斩砍使，破凤州，取固镇②，降兴州③。与王衍战三泉，衍败走，断吉柏江④浮桥。延孝造舟以渡，进取绵州⑤。衍复断绵江浮桥。延孝谓招抚使李严曰："吾远军千里，入人之国，利在速战。乘衍破胆之时，但得百骑过鹿头关⑥，彼将迎降不暇。若修缮桥梁，必留数日，使衍得闭关为备，则胜负未可知也。"因与严乘马浮江，军士随之济者千余人，遂入鹿头关，下汉州⑦，居三日，后军始至。衍弟宗弼果以蜀降。延孝屯汉州，以俟魏王继岌。

蜀平，延孝功为多。左厢马步军都指挥使⑧

---

① 按，《廿二史考异》云："当云'同光二年'。"
② 固镇，按当在今陕西南境。
③ 兴州，即今陕西略阳县。
④ 吉柏江，即今四川广元市昭化古城外嘉陵江与白龙江交汇处。
⑤ 绵州，今四川绵阳市。
⑥ 鹿头关，在今绵阳市西南。
⑦ 汉州，在今四川广汉市。
⑧ 据《董璋传》为"行营右厢马步军都虞候"。

董璋位在延孝下，然特见重于郭崇韬。崇韬有军事，独召璋与计议，而不问延孝。延孝大怒，责璋曰："吾有平蜀之功，公等仆遬①相从，反俯首郭公之门，吾为都将，独不能以军法斩公邪？"璋诉于崇韬，崇韬解璋军职，表为东川节度使。延孝愈怒曰："吾冒白刃，犯险阻，以定两川，璋有何功，而得旄节②！"因见崇韬，言其不可。崇韬曰："绍琛反邪？敢违吾节度！"延孝惧而退。明年，崇韬死，延孝谓璋曰："公复俯首何门邪？"璋求哀以免。

继岌班师，命延孝以万二千人为殿。行至武连③，闻朱友谦无罪见杀。友谦有子令德在遂州④，庄宗遣使者诏继岌即诛之。继岌不遣延孝，而遣董璋，延孝已自疑。及璋过延孝军，又不谒。延孝大怒，谓其下曰："南平梁，西取蜀，其谋尽出于郭公；而汗马之劳⑤，攻城破敌者，我也。今郭公已

---

① 遬，sù。仆遬，与"朴樕"同，小杂树，以喻才能平庸。
② 旄节，与"节旄"义同，谓节头旄。按：节度使节制一方，天子授以节旄，故云。
③ 武连，在今四川剑阁县西南。
④ 遂州，今四川遂宁市。
⑤ 汗马之劳，言战功。战马疾驰而汗出，故云。

死，我岂得存？而友谦与我俱背梁以归唐者，友谦之祸，次及我矣！"延孝部下皆友谦旧将，知友谦被族，皆号泣诉于军门曰："朱公无罪，二百口被诛，旧将往往从死，我等死必矣！"延孝遂拥其众自剑州[①]返入蜀，自称西川节度、三川制置等使，驰檄蜀人，数日之间，众至五万。继岌遣任圜以七千骑追之，及于汉州，会孟知祥夹攻之。延孝战败，被擒，载以槛车。

圜置酒军中，引槛车至坐上，知祥酌大卮从车中饮之而谓曰："公自梁朝脱身归命[②]，遂拥节旄。今平蜀之功，何患富贵，而入此槛车邪？"延孝曰："郭崇韬佐命之臣，功在第一，兵不血刃而取两川；一旦无罪，阖门受戮。顾如延孝，何保首领？以此不敢归朝耳！"任圜东还，延孝槛车至凤翔，庄宗遣宦者杀之。

张全义

张全义，字国维，濮州临濮人也。少以田家子

---

① 剑州，在今四川剑阁县。
② 归命，犹言归顺。

役于县，县令数困辱之，全义因亡入黄巢贼中。巢陷长安，以全义为吏部尚书、水运使。巢贼败，去事诸葛爽①于河阳。爽死，事其子仲方。

仲方为孙儒②所逐，全义与李罕之出据河阳、洛阳以附于梁，二人相得甚欢。然罕之性贪暴，日以寇钞③为事；全义勤俭，御军有法，督民耕殖。以故罕之常乏食，而全义常有余。罕之仰给全义，全义不能给，二人因有隙。

罕之出兵攻晋、绛，全义袭取河阳，罕之奔晋。晋遣兵助罕之，围全义甚急。全义乞兵于梁，梁遣牛存节、丁会等以兵万人自九鼎渡河，击败罕之于沇水④，晋军解去。梁以丁会守河阳，全义还为

---

① 诸葛爽，唐博昌人。为县伍伯。令笞苦之，乃亡命投庞勋。勋势蹙，爽率百人归唐，累迁汝州防御使。黄巢犯京师，爽入卫，次同州，间道奉表僖宗以自明。官至检校司空卒。
② 孙儒，唐河南人。初为忠武军裨校，黄巢起兵，以兵属秦宗权为都将。杨行密得扬州，宗权使弟宗衡与儒争淮南。儒诱斩宗衡，并有其众，破扬州。朱全忠荐授淮南节度使。后为杨行密所攻，兵溃，被杀。
③ 寇钞，谓攻劫略取。
④ 山西沇水有二源：东源出阳城县西南千峰岭，西源出垣曲县东北历山。合南流，入于黄河。

河南尹。全义德梁出己,由是尽心焉。

是时,河南遭巢、儒兵火之后,城邑残破,户不满百。全义披荆棘,劝耕殖,躬载酒食,劳民畎亩之间,筑南北二城以居之。数年,人物完盛,民甚赖之。及梁太祖劫唐昭宗东迁,缮理宫阙、府廨、仓库,皆全义之力也。

全义初名言,唐昭宗赐名全义。唐亡,全义事梁,又请改名,太祖赐名宗奭。太祖猜忌,晚年尤甚。全义奉事益谨,卒以自免。

自梁与晋战河北,兵数败亡,全义辄蒐[①]卒伍铠马,月献之以补其缺。

太祖兵败蓨县,道病,还洛,幸全义会节园避暑。留旬日,全义妻女皆迫淫之。其子继祚愤耻不自胜,欲剚[②]刃太祖。全义止之曰:"吾为李罕之兵围河阳,啖木屑以为食,惟有一马,欲杀以饷军,死在朝夕;而梁兵出之,得至今日。此恩不可忘也。"继祚乃止。

---

① 蒐,sōu,聚,如蒐罗、蒐辑。
② 剚,zì,插,刺。

尝有言全义于太祖者，太祖召全义，其意不测。全义妻储氏明敏有口辩，遽入见，厉声曰："宗奭，种田叟尔！守河南三十年，开荒劚①土，捃②拾财赋，助陛下创业。今年齿衰朽，已无能为，而陛下疑之，何也？"太祖笑曰："我无恶心，妪勿多言！"

全义事梁，累拜中书令，食邑至万三千户，兼领忠武、陕虢、郑滑、河阳节度使，判六军诸卫事、天下兵马副元帅，封魏王。

初，全义为李罕之所败，其弟全武及其家属为晋兵所得，晋王给以田宅，待之甚厚，全义常阴遣人通问于太原。及梁亡，庄宗入汴，全义自洛来朝，泥首待罪。庄宗劳之曰："卿家弟侄，幸复相见。"全义俯伏感涕。年老不能进趋，遣人掖扶而登，宴犒尽欢，命皇子继岌、皇弟存纪等皆兄事之。全义因去梁所赐名，请复其故名。而全义犹不自安，乃厚赂刘皇后以自托。

---

① 劚，zhú，锄属，又挖掘。
② 捃，jùn，拾取。

初，梁末帝幸洛阳，将祀天于南郊而不果，其仪仗法物[1]犹在，全义因请幸洛阳，白南郊仪物已具。庄宗大悦，加拜全义太师、尚书令。明年十一月，庄宗幸洛阳，南郊而礼物不具，因改用来年二月，然不以前语责全义。以皇后故，待之愈厚。数幸其第，命皇后拜全义为父，改封齐王。

初，庄宗灭梁，欲掘梁太祖墓，斫棺戮尸。全义以谓："梁虽仇敌，今已屠灭其家，足以报怨；剖棺之戮，非王者以大度示天下也。"庄宗以为然，铲去墓阙[2]而已。

全义监军尝得李德裕[3]平泉醒酒石，德裕孙延古因托全义复求之。监军忿然曰："自黄巢乱后，洛阳园宅无复能守，岂独平泉一石哉？"全义尝在巢贼中，以为讥己，因大怒，奏笞杀监军者，天下冤之。

---

[1] 法物，谓大驾、卤簿、仪式。
[2] 阙，门观。墓阙，谓墓前之门观。
[3] 李德裕，字文饶。少力学，卓荦有大节。唐敬宗时，为浙西观察使。武宗时，由淮南节度使入相。当国六年，弭藩镇之祸，决策制胜，威权独重。宣宗时，为忌者所构，贬崖州司户卒。

其听讼，以先诉者为直，民颇以为苦。

同光四年，赵在礼反于魏，元行钦讨贼无功，庄宗欲自将讨之，大臣皆谏以为不可，因言明宗可将。是时，郭崇韬、朱友谦皆已见杀，明宗自镇州来朝，处之私第，庄宗疑之，不欲遣也。群臣固请，不从，最后全义力以为言，庄宗乃从。已而明宗至魏果反，全义以忧卒，年七十五，谥曰忠肃。

子继祚，官至上将军。晋高祖时，与张从宾[1]反于河阳，当族诛。而宰相桑维翰以其父珙尝事全义有恩，乞全活之，不许，止诛继祚及其妻子而已。

王峻

王峻，字秀峰，相州安阳[2]人也。父丰，为乐营将。峻少以善歌事梁节度使张筠[3]。唐庄宗已下

---

[1] 张从宾，以小校从唐庄宗，累有军功，官至侍卫步军都指挥使，出镇灵武。晋高祖即位，受代入觐。范延光反，从宾应之。后为杜重威所败，赴水死。
[2] 安阳，在今河南安阳市。
[3] 张筠，海州人。初仕梁，入唐官至左骁卫上将军，有赀巨万。筠居洛阳，拥其赀以声色自娱，人谓之"地仙"。

魏、博，筠弃相州，走归京师。租庸使赵岩过筠家，筠命峻歌佐酒，岩见而悦之。是时，岩方用事，筠因以峻遗岩。梁亡，岩族诛，峻流落民间。久之，事三司使张延朗，延朗不甚爱之。晋高祖灭唐，杀延朗。是时，汉高祖从晋起兵，因悉以延朗赀产赐之，峻因得事汉高祖。

高祖镇河东，峻为客将。高祖即位，拜峻客省使。汉遣郭从义①讨赵思绾，以峻监其军。累迁宣徽北院使。

周太祖镇天雄军，峻为监军。汉隐帝已杀大臣史弘肇等，又遣人杀周太祖及峻等，峻等遂与太祖举兵犯京师。太祖监国②，以汉太后命拜峻枢密使。

太祖将兵北出，至澶州，返军向京师。是时，太祖已遣冯道迎湘阴公赟于徐州，而汉宗室蔡王信③在许州。峻与王殷谋，遣侍卫马军指挥使郭

---

① 郭从义，其先沙陀部人，后家太原。汉高祖表为马步军都虞候，屡率师破契丹于代北。开宝中，以太子太师致仕卒。
② 古者，君行太子留守，谓之监国。此则藉为篡阶耳。
③ 信，汉高祖从弟。性昏庸，黩货无厌，喜行酷法。初掌禁军，领义成军节度使，徙镇许州。周太祖军变于澶，王峻遣马铎以兵巡检许州，信惶惑自杀。

崇^①率兵之宋州,前申州^②刺史马铎之许州以伺变,崇、铎遂杀赟、信。

太祖入立,拜峻右仆射、门下侍郎、同中书门下平章事^③,监修国史。

刘旻^④攻晋州,峻为行营都部署,得以便宜从事。别遣陈思让^⑤、康延沼^⑥自乌岭^⑦出绛州与峻会。峻至陕州,留不进。

---

① 郭崇,金城人,初名崇威,避周太祖讳,只称崇。唐清泰中,为应州骑军都尉。晋割云、应地入契丹,崇耻事之,奋身南归,从周太祖平河中,累迁京城都巡检使,出镇澶州。世宗立,与符彦卿出固镇,以御并人。宋初,加兼中书令卒。
② 申州,今河南信阳市。
③ 按,《廿二史考异》云:"此真宰相也,例当书于本纪,失书。"
④ 刘旻,知远同母弟,初名崇。少无赖,尝黥为卒。知远即位,以为太原尹、北京留守。与郭威不协。隐帝被弑,崇子赟又见杀,乃称帝于太原,改名旻,据十一州,是为北汉,伐周屡败。世宗新立,旻与辽共出师,复大败于高平,忧愤卒。
⑤ 陈思让,宋卢龙人,字后己。初隶唐庄宗帐下,历仕晋、汉、周,积功至广海军节度使。入宋,加检校太师。历保信、护国军节度使,河中尹卒。思让酷信佛,人目为"陈佛子"。
⑥ 康延沼,幼隶后唐明宗帐下,历仕晋、汉、周,累官至蔡、齐、郑、楚四州防御使。宋太祖亲征太原,延沼领兵屯潞州,以疾归郡卒。
⑦ 乌岭,在今山西翼城县东北。一名黑水岭。

太祖遣使者翟守素[①]驰至陕州，谕峻欲亲征。峻屏左右谓守素曰："晋州城坚不可近，而刘旻兵锐亦未可当。臣所以留此者，非怯也，盖有待尔。且陛下新即位，四方藩镇，未有威德以加之，岂宜轻举？而兖州慕容彦超反迹已露，若陛下出汜水，则彦超入京师，陛下何以待之？"守素驰还，具道峻言。是时，太祖已下诏西幸，闻峻语，遽自提其耳曰："几败吾事！"乃止不行。

峻军出自绛州，前锋报过蒙坑，峻喜，谓其属曰："蒙坑，晋、绛之险也。旻不分兵扼之，使吾过此，可知其必败也。"峻军去晋州一舍[②]，旻闻周兵大至，即解去。诸将皆欲追之，峻犹豫不决。明日，遣骑兵追旻，不及而还。

从讨慕容彦超，为随驾都部署，率众先登。

峻与太祖俱起于魏，自谓佐命之功，以天下为己任。凡所论请，事无大小，期于必得。或小不如

[①] 翟守素，宋任城人。历仕晋、汉、周，至宋为引进副使。钱俶献浙右之地，诏守素为两浙诸州兵马都监，安抚诸郡，人心甚悦，即以知杭州。淳化中，徙石州。以老病，乞归本郡卒。

[②] 师行一宿为舍，或谓三十里为一舍。

志，言色辄不逊，太祖每优容之。峻年长于太祖二岁，往往呼峻为兄，或称其字，峻由是益横。

郑仁诲①、李重进②、向训等，皆太祖故时偏裨。太祖初即位，谦抑未欲进用，而峻心忌之。自破慕容彦超还，即求解枢密以探上意，太祖慰劳之。峻多发书诸镇，求为保荐。居数日，诸镇皆驰骑上峻书，太祖大骇；峻连章求解，因不视事。太祖遣近臣召之曰："卿若不出，吾当自往候卿。"峻曰："车驾若来，是致臣有不测也。"然殊无出意。枢密直学士陈同与峻相善，太祖即遣同召峻。同还奏曰："峻意少解，然请陛下声言严驾，若将幸之，则峻必出矣。"太祖僶俛③从之。峻闻太祖且来，遂驰入谒。

---

① 郑仁诲，周晋阳人，字日新。初仕唐将陈绍光，绍光因醉欲杀之，仁诲植立无惧色，绍光称叹其器量。与太祖善，及太祖为枢密使，乃召仁诲用之，军中机画，多所参决。太祖即位，累迁枢密使，留守东都卒。
② 李重进，周沧州人。太祖时，历官武信节度使。从周世宗征淮南有功，历庐、寿等州招讨使。吴人以其色黔，号"黑大王"。及宋太祖立，不自安，遂怀异志，兵败，自焚死。
③ 僶俛，与"黾勉"同，谓勉强。

峻于枢密院起厅事，极其华侈，邀太祖临幸，赐予甚厚。太祖于内园起一小殿，峻辄奏曰："宫室已多，何用此为？"太祖曰："枢密院屋不少，卿亦何必有作？"峻惭不能对。

峻为枢密使兼宰相，又求兼领平卢[①]。已受命，暂之镇，又请借左藏库绫万匹，太祖皆勉从之。又请用颜衎[②]、陈同代李谷[③]、范质为相。太祖曰："进退宰相，岂可仓卒？当徐思之。"峻论请不已，语渐不逊。日亭午[④]，太祖未食，峻争不已。是时寒食假，太祖曰："俟假开，当为卿行。"峻乃退。太祖遂不能忍，明日御便殿，召百官皆入，即幽峻于别所。太祖见冯道，泣曰："峻凌朕，不能忍！"即贬商州[⑤]司马，卒于贬所。

---

① 平卢，治青州。青州，见前《刘郭传》注。
② 颜衎，曲阜人，字祖德。唐末，佐房知温幕下，劝知温归晋高祖，高祖嘉其功，累迁河阳三城节度副使、知州事。天运末，拜御史中丞。周初，起为尚书右丞。显德初，以工部尚书致仕，卒于家。
③ 李谷，汝阴人，字惟珍。周广顺初，拜平章事。世宗用谷策平淮南，累封赵国公，乞归。既归洛中，昭义李筠贻钱五十万，谷受之。既而筠叛，忧恚而终。
④ 亭，正。午，日中。故日在午曰亭午。
⑤ 商州，在今陕西商洛市商州区。

峻已被黜，太祖以峻监修国史，意其所书不实，因召史官取日历读之。史官以禁中事非外所知，惧以漏落得罪。峻贬后，李谷监修，因请命近臣录禁中事付史馆，乃命枢密直学士就枢密院录送史馆，自此始。

杨光远

杨光远，字德明。其父曰阿噔啜，盖沙陀部人也。光远初名阿檀，为唐庄宗骑将，从周德威战契丹于新州①，折其一臂，遂废不用。久之，以为幽州马步军都指挥使，戍瓦桥关②。光远为人病秃折臂，不通文字；然有辩智，长于吏事③。明宗时，为妫④、瀛、冀⑤、易四州刺史，以治称。

初，唐兵破王都于中山，得契丹大将荝剌等十余人。已而契丹与中国通和，遣使者求荝剌等。明

---

① 新州，在今河北涿鹿县。
② 瓦桥关，在今河北雄县南易水上。
③ 吏事，官吏之事务。
④ 妫，在今河北怀来县。
⑤ 冀，详《晋家人传·高祖皇后李氏》注。

宗与大臣议，皆欲归之，独光远不可，曰："荝剌皆北狄善战者，彼失之如去手足；且居此久，熟知中国事。归之岂吾利也？"明宗曰："蕃人重盟誓，已与吾好，岂相负也？"光远曰："臣恐后悔不及尔！"明宗嘉其说，卒不遣荝剌等。

光远自易州刺史拜振武军节度使。清泰二年，徙镇中山，兼北面行营都虞候，御契丹于云、应之间。

晋高祖起太原，末帝以光远佐张敬达[①]为太原四面招讨副使，为契丹所败，退守晋安寨[②]。契丹围之数月，人马食尽，杀马而食；马尽，乃杀敬达出降。耶律德光见之，靳曰："尔辈大是恶汉儿！"光远与诸将初不知其诮己，犹为谦言以对。德光曰："不用盐酪，食一万匹战马，岂非恶汉儿邪？"光远等大惭伏。德光问曰："惧否？"皆曰："甚惧！"曰："何惧？"曰："惧皇帝将入蕃。"德光曰："吾国无土地官爵以居汝，汝等勉事晋。"

---

① 张敬达，代州人，字志通，小字生铁。官太原四面招讨使。余详本传。
② 晋安寨，在今山西太原市区西南境。

杂传

晋高祖以光远为宣武军节度使、侍卫马步军都指挥使。光远进见，佯为悒悒之色，常如有所恨者。高祖疑其有所不足，使人问之。对曰："臣于富贵，无不足也；惟不及张生铁①死得其所，此常为愧尔！"由是高祖以为忠，颇亲信之。

范延光反，以为魏府都招讨使，久之不能下。高祖卒用他计降延光。而光远自以握重兵在外，谓高祖畏己，始为恣横。高祖每优容之，为选其子承祚尚长安公主，其次子承信等皆超拜官爵，恩宠无比。

枢密使桑维翰恶之，数以为言。光远自魏来朝，屡指维翰擅权难制。高祖不得已，罢出维翰于相州，亦徙光远西京留守，兼镇河阳，夺其兵职。光远始大怨望，阴以宝货奉契丹，诉己为晋疏斥。所养部曲千人，挠法犯禁河、洛之间，甚于寇盗。

天福五年，徙镇平卢，封东平王②。光远请其子以行，乃拜承祚单州刺史，承勋莱州防御使，父子俱

---

① 张生铁，即张敬达。注详前。
② 按，"薛史"：天福二年四月，加兼侍中。三年四月，加兼中书令。

东，车骑连属数十里。出帝即位，拜太师，封寿王。

是时，晋马少，括天下马以佐军。景延广请取光远前所借官马三百匹，光远怒曰："此马先帝赐我，安得复取？是疑我反也。"遂谋为乱。而承祚自单州逃归，出帝即以承祚为淄州刺史，遣使者赐以玉带、御马以慰安之。光远益骄，乃反，召契丹入寇，陷贝州。博州刺史周儒亦叛降契丹。

是时，出帝与耶律德光相距澶、魏之间，郓州观察判官窦仪[①]计事军中，谋曰："今不以重兵大将守博州渡，使儒得引契丹东过河，与光远合，则河南危矣。"出帝乃遣李守贞、皇甫遇[②]以兵万人沿河而下，儒果引契丹自马家渡[③]济河，方筑垒，守贞等急击之，契丹大败，遂与光远隔绝。德光闻河上兵大败，与晋决战戚城，亦败。

---

① 窦仪，禹钧子，字可象。晋天福中进士。周显德中，拜端明殿学士。入宋，迁工部尚书。后又入翰林，为学士，俄加礼部尚书。太祖欲相之，赵普忌其刚直，不果。
② 皇甫遇，真定人。勇力善射。初事唐，为武胜军节度。晋高祖时，为神武统军。曾败契丹，屯兵中渡。后为杜重威逼迫，降于契丹。契丹命之与张彦泽先入京师，遇行至中途，绝吭而死。
③ 马家渡，按当在今河北南境。

契丹已北，出帝复遣守贞、符彦卿东讨。光远婴城固守，自夏至冬，城中人相食几尽。光远北望契丹，稽首以呼德光曰："皇帝误光远邪？"其子承勋等劝光远出降，光远曰："我在代北时，尝以纸钱祭天池，投之辄没，人言我当作天子。宜且待时，毋轻议也。"承勋知不可，乃杀节度判官丘涛，亲将杜延寿、杨瞻、白延祚等，劫光远幽之，遣人奉表待罪。承信、承祚皆诣阙自归，而光远亦上章请死。出帝以其二子为侍卫将军，赐光远诏书，许以不死。群臣皆以为不可，乃敕李守贞便宜处置。守贞遣客省副使何延祚杀之于其家。

延祚至其第，光远方阅马于厩。延祚使一都将入谓之曰："天使①在门，欲归报天子，未有以藉手②。"光远曰："何谓也？"曰："愿得大王头尔！"光远骂曰："我有何罪？昔我以晋安寨降契丹，使尔家世世为天子，我亦望以富贵终身，而反负心若此！"遂见杀，以病卒闻。

---

① 天使，皇帝所遣之使臣。
② 藉手，言得所凭借。

承勋事晋为郑州防御使。德光灭晋，使人召承勋至京师，责其劫父，脔而食之。乃以承信为平卢节度使。

汉高祖赠光远尚书令，封齐王。命中书舍人张正撰光远碑铭文赐承信，使刻石于青州。碑石既立，天大雷电，击折之。

阿啜初非姓氏，其后改名瑊而姓杨氏。光远初名檀，清泰二年，有司言明宗庙讳犯偏傍者皆易之，乃赐名光远云。

光远既病秃，而妻又跛其足也，人为之语曰："自古岂有秃疮天子、跛脚皇后邪？"相传以为笑。然而召夷狄为天下首祸，卒灭晋氏，疮痍①中国者三十余年，皆光远为之也。

张彦泽

张彦泽，其先突厥②部人也。后徙居阴山③，

---

① 疮痍，谓皮肤因伤而开裂。今借以喻人民之疾苦。
② 突厥，古民族名。其先本平凉杂胡，后魏太祖灭沮渠氏，有阿史那者，以五百家奔蠕蠕，居于金山。金山状似兜牟，彼土方言兜牟曰突厥，因以名其部。
③ 阴山，在今内蒙古境内。

又徙太原。彦泽为人骁悍残忍,目睛黄而夜有光,顾视如猛兽。以善射为骑将,数从庄宗、明宗战伐。与晋高祖连姻。高祖时,已为护圣右厢都指挥使、曹州刺史。与讨范延光,拜镇国军[1]节度使。岁中,徙镇彰义。

为政暴虐。常怒其子,数笞辱之。子逃至齐州,州捕送京师,高祖以归彦泽。彦泽上章请杀之,其掌书记张式不肯为作章,屡谏止之。彦泽怒,引弓射式,式走而免。式素为彦泽所厚,多任以事。左右小人皆素嫉之,因共谮式,且迫之曰:"不速去,当及祸。"式乃出奔。彦泽遣指挥使李兴以二十骑追之,戒曰:"式不肯来,当取其头以来。"式至衍州[2],刺史以兵援之。邠州节度使李周留式,驰骑以闻,诏流[3]式商州。彦泽遣司马郑元昭诣阙论请,期必得式,且曰:"彦泽若不得张式,患在不测。"高祖不得已,与之。彦泽得式,剖心,决口,断手足而斩之。

---

[1] 镇国军,治华州,见前《寇彦卿传》注。
[2] 衍州,在今甘肃宁县南。
[3] 流,五刑之一,安置远方。

高祖遣王周代彦泽，以为右武卫大将军。周奏彦泽所为不法①者二十六条，并述泾人残敝之状。式父铎诣阙诉冤。谏议大夫郑受益②、曹国珍③，尚书刑部郎中李涛、张麟，员外郎麻麟、王禧伏阁上疏，论彦泽杀式之冤，皆不省。涛见高祖切谏，高祖曰："彦泽功臣，吾尝许其不死。"涛厉声曰："彦泽罪若可容，延光铁券何在④！"高祖怒，起去，涛随之谏不已。高祖不得已，召式父铎、弟守贞、子希范等，皆拜以官，为蠲泾州民税，免其杂役一年，下诏罪己，然彦泽止削阶降爵而已。于是国珍等复与御史中丞王易简⑤率三院御史诣阁门连疏论之，不报。

出帝时，彦泽为左龙武军大将军，迁右武卫上

---

① 不法，犹言出乎法度以外。
② 郑受益，处诲子，字谦光。以文学致身，累迁右谏议大夫。言行无忌，执政恶之，告归。
③ 曹国珍，固安人，字彦辅。初为延州高万兴兄弟掌书奏，累迁至尚书郎，官终陕州行军司马。
④ 按：高祖赦降范延光，曾册东平郡王、天平军节度使，赐铁券。后杨光远利其赀，遣人推之堕水溺死，而高祖不问。故涛以此诘之。
⑤ 王易简，万年人，字国宝。性介特寡合，好学工诗。梁时，第进士。自唐历周，累官刑部尚书。宋初，召加少傅。无疾卒。

将军，又迁右神武统军。自契丹与晋战河北，彦泽在兵间，数立战功，拜彰国军节度使。与契丹战阳城，为契丹所围；而军中无水，凿井辄坏；又天大风，契丹顺风扬尘，奋击甚锐，军中大惧。彦泽以问诸将，诸将皆曰："今虏乘上风而吾居其下，宜待风回乃可战。"彦泽以为然。诸将皆去，偏将药元福独留，谓彦泽曰："今军中饥渴已甚，若待风回，吾属为虏矣！且逆风而战，敌人谓我必不能，所谓'出其不意'。"彦泽即拔拒马力战，契丹奔北①二十余里；追至卫村②，又大败之，契丹遁去。

开运三年秋，杜重威为都招讨使，李守贞兵马都监，彦泽马军都排阵使。彦泽往来镇、定之间，败契丹于泰州，斩首二千级。重威、守贞攻瀛州，不克，退及武强③，闻契丹空国入寇，惶惑不知所之。而彦泽适至，言虏可破之状，乃与重威等西趋镇州。彦泽为先锋，至中渡，桥已为虏所据，彦泽犹力战争桥，烧其半，虏小败却，乃夹河而寨。

---

① 北，败走。
② 卫村，按当在今山西阳城县北。
③ 武强，今河北武强县。

十二月丙寅，重威、守贞叛降契丹，彦泽亦降。

耶律德光犯阙，遣彦泽与傅住儿以二千骑先入京师。彦泽倍道疾驱，至河，衔枚①夜渡，壬申夜五鼓，自封丘门斩关而入。有顷，宫中火发，出帝以剑拥后宫十余人将赴火，为小吏薛超所持。彦泽自宽仁门传德光与皇太后书入，乃灭火。大内都点检康福全宿卫宽仁门，登楼觇②贼，彦泽呼而下之，诸门皆启。彦泽顿兵明德楼前，遣傅住儿入传戎王宣语。帝脱黄袍，素服再拜受命。使人召彦泽，彦泽谢曰："臣无面目见陛下。"复使召之，彦泽笑而不答。明日，迁帝于开封府。帝与太后、皇后肩舆，宫嫔、宦者十余人皆步从，彦泽遣控鹤指挥使李筠以兵监守，内外不通。帝与太后所上德光表章，皆先示彦泽乃敢遣。帝取内库帛数段，主者曰："此非帝有也。"不与。又使求酒于李崧，崧曰："臣家有酒，非敢惜，虑陛下忧燥，饮之有不测之虞，所以不敢进。"帝姑乌氏公主私赂守门者，

---

① 古行军，或令军士衔枚。枚状如箸，横衔口中，组系着于枚之两头，结之项后。故军行不能偶语，所以禁喧嚣。
② 觇，chān，窥视。——校订者注。

得入与帝诀,归第,自经死。

德光渡河,帝欲郊迎,彦泽不听,遣白德光。德光报曰:"天无二日①,岂有两天子相见于道路邪?"乃止。

初,彦泽至京师,李涛谓人曰:"吾祸至矣!与其逃于沟窦而不免,不若往见之。"涛见彦泽,为俚语以自投死,彦泽笑而厚待之。

彦泽自以有功于契丹,昼夜酣饮自娱,出入骑从常数百人,犹题其旗帜曰"赤心为主"。迫迁出帝,遂辇内库,输之私第,因纵军士大掠京师。军士逻获②罪人,彦泽醉不能问,瞋目视之,出三手指,军士即驱出断其腰领。皇子延煦母楚国夫人丁氏有色,彦泽使人求于皇太后,太后迟疑未与,即劫取之。彦泽与阁门使高勋③有隙,乘醉入其家,杀数人而去。

---

① 语见《孟子·万章上》,意谓一国不能有二君。
② 逻,巡,侦。获,得。
③ 高勋,字鼎臣。仕晋为阁门使。辽太宗入汴,授四方馆使。好结权贵,能服勤,大臣多推誉之。景宗即位,以定策功,累封秦王。后以谋害萧思温,诏下狱,诛之。

耶律德光至京师，闻彦泽劫掠，怒，锁之。高勋亦自诉于德光。德光以其状示百官及都人，问："彦泽当诛否？"百官皆请不赦，而都人争投状疏其恶。乃命高勋监杀之。彦泽前所杀士大夫子孙，皆縗绖①杖哭，随而诟詈，以杖扑之，彦泽俯首无一言。行至北市，断腕出锁，然后用刑。勋剖其心祭死者；市人争破其脑，取其髓，脔其肉而食之。

冯道

传曰：礼义廉耻，国之四维；四维不张，国乃灭亡。善乎，管生②之能言也！礼义，治人之大法；廉耻，立人之大节。盖不廉，则无所不取；不耻，则无所不为。人而如此，则祸乱败亡亦无所不至。况为大臣而无所不取不为，则天下其有不乱，国家其有不亡者乎？予读冯道《长乐老叙》，见其自述以为荣，其可谓无廉耻者矣！则天下国家可从而知也。

---

① 縗，cuī，丧服，以麻布披于胸前，三年之丧用之。绖，dié，丧服所用麻，在首、在腰皆曰绖，或亦以葛为之。
② 管生，即管仲。语见《管子·牧民》。

杂传

予于五代得全节之士三、死事之臣十有五[1],而怪士之被服儒者以学古自名,而享人之禄、任人之国者多矣,然使忠义之节独出于武夫战卒,岂于儒者果无其人哉?岂非高节之士恶时之乱,薄其世而不肯出欤?抑君天下者不足顾而莫能致之欤?孔子以谓:"十室之邑,必有忠信[2]。"岂虚言也哉?

予尝得五代时小说一篇,载王凝妻李氏事。以一妇人犹能如此,则知世固尝有其人而不得见也。凝家青、齐之间,为虢州司户参军,以疾卒于官。凝家素贫,一子尚幼,李氏携其子,负其遗骸以归。东过开封,止旅舍。旅舍主人见其妇人独携一子而疑之,不许其宿。李氏顾天已暮,不肯去,主人牵其臂而出之。李氏仰天长恸曰:"我为妇人,不能守节,而此手为人执邪?不可以一手并污吾身!"即引斧自断其臂。路人见者环聚而嗟之,或

---

[1] 死事之臣十五人,有传者十人:张德源、夏鲁奇、姚洪、王思同、张敬达、翟进宗、沈斌、王清、史彦超、孙晟。其不能立传者五人:马彦超附《朱守殷传》,宋令询、李遇、张彦卿、郑昭业见于本纪而已。
[2] 语见《论语·公冶长》。

为弹指①，或为之泣下。开封尹闻之，白其事于朝，官为赐药封疮，厚恤李氏而笞其主人者。呜呼！士不自爱其身而忍耻以偷生者，闻李氏之风，宜少知愧哉！

冯道，字可道，瀛州景城人也。事刘守光为参军。守光败，去事宦者张承业。承业监河东军，以为巡官，以其文学荐之晋王，为河东节度掌书记。庄宗即位，拜户部侍郎，充翰林学士。

道为人能自刻苦为俭约。当晋与梁夹河而军，道居军中，为一茅庵，不设床席，卧一束刍而已。所得俸禄，与仆厮同器饮食，意恬如②也。诸将有掠得人之美女者以遗道，道不能却，置之别室，访其主而还之。

其解学士，居父丧于景城，遇岁饥，悉出所有以赒乡里，而退耕于野，躬自负薪。有荒其田不耕者与力不能耕者，道夜往，潜为之耕。其人后来愧谢，道殊不以为德。

---

① 弹指，意谓叹息之。
② 恬如，安适貌。

杂传

服除，复召为翰林学士。行至汴州，遇赵在礼乱，明宗自魏拥兵还，犯京师。孔循劝道少留以待，道曰："吾奉诏赴阙，岂可自留！"乃疾趋至京师。

庄宗遇弑，明宗即位，雅①知道所为，问安重诲曰："先帝时冯道何在？"重诲曰："为学士也。"明宗曰："吾素知之，此真吾宰相也！"拜道端明殿学士，迁兵部侍郎。岁余，拜中书侍郎、同中书门下平章事。

天成、长兴之间，岁屡丰熟，中国无事。道尝戒明宗曰："臣为河东掌书记时，奉使中山，过井陉之险，惧马蹶②失，不敢怠于衔辔；及至平地，谓无足虑，遽跌而伤。凡蹈危者虑深而获全，居安者患生于所忽，此人情之常也。"明宗问曰："天下虽丰，百姓济否？"道曰："谷贵饿农，谷贱伤农。"因诵文士聂夷中《田家诗》，其言近而易晓。明宗顾左右录其诗，常以自诵。

---

① 雅，平素。又极。
② 蹶，jué，失足颠仆。

水运军将于临河县得一玉杯，有文曰"传国宝万岁杯"。明宗甚爱之，以示道。道曰："此前世有形之宝尔，王者固有无形之宝也。"明宗问之，道曰："仁义者，帝王之宝也。故曰：'大宝曰位。何以守位？曰仁①。'"明宗武君，不晓其言。道已去，召侍臣讲说其义，嘉纳之。

道相明宗十余年②。明宗崩，相愍帝。潞王反于凤翔，愍帝出奔卫州，道率百官迎潞王入，是为废帝，遂相之。废帝即位，愍帝犹在卫州，后三日，愍帝始遇弑崩。已而废帝出道为同州节度使，逾年，拜司空。晋灭唐，道又事晋。晋高祖拜道守司空、同中书门下平章事，加司徒，兼侍中，封鲁国公。高祖崩，道相出帝，加太尉，封燕国公，罢为匡国军节度使，徙镇威胜。契丹灭晋，道又事契丹，朝耶律德光于京师。德光责道事晋无状，道不能对。又问曰："何以来朝？"对曰："无城无兵，安敢不来！"德光诮之曰："尔是何等老子？"对

---

① 语见《周易·系辞下》。——校订者注
② 按，《廿二史考异》云："案：明宗在位才八年，道以天成二年拜相，相明宗止七年耳。而传云'十余年'，非其实矣。"

曰："无才无德，痴顽老子。"德光喜，以道为太傅。德光北归，从至常山。汉高祖立，乃归汉，以太师奉朝请①。周灭汉，道又事周。周太祖拜道太师，兼中书令。

道少能矫行以取称于世，及为大臣，尤务持重以镇物。事四姓十君，益以旧德自处。然当世之士无贤愚皆仰道为元老②，而喜为之称誉。

耶律德光尝问道曰："天下百姓，如何救得？"道为俳语以对曰："此时佛出救不得，惟皇帝救得。"人皆以谓契丹不夷灭中国之人者，赖道一言之善也。

周兵反，犯京师，隐帝已崩。太祖谓汉大臣必行推戴，及见道，道殊无意。太祖素拜道，因不得已拜之，道受之如平时。太祖意少沮，知汉未可代，遂阳立湘阴公赟为汉嗣，遣道迎赟于徐州。赟未至，太祖将兵北至澶州，拥兵而反，遂代汉。议者谓道能沮太祖之谋而缓之，终不以晋、汉之亡责

---

① 奉朝请，谓奉朝会请召。
② 元，大。五官之长，出于诸侯，曰天子之老。唐呼宰相曰元老，或曰堂老。

道也。然道视丧君亡国亦未尝以屑意[①]。

当是时,天下大乱,戎夷交侵,生民之命,急于倒悬。道方自号"长乐老",著书数百言,陈己更事四姓及契丹所得阶勋官爵以为荣。自谓:"孝于家,忠于国,为子、为弟、为人臣、为师长、为夫、为父,有子、有孙。时开一卷,时饮一杯,食味、别声、被色,老安于当代,老而自乐,何乐如之!"盖其自述如此。

道前事九君,未尝谏诤。世宗初即位,刘旻攻上党。世宗曰:"刘旻少我,谓我新立而国有大丧,必不能出兵以战。且善用兵者出其不意,吾当自将击之。"道乃切谏,以为不可。世宗曰:"吾见唐太宗平定天下,敌无大小皆亲征。"道曰:"陛下未可比唐太宗。"世宗曰:"刘旻乌合之众,若遇我师,如山压卵。"道曰:"陛下作得山定否?"世宗怒,起去,卒自将击旻,果败于高平[②]。世宗取淮南,定三关[③],威武之振自高平始。其击旻也,鄙道不以

---

① 屑,烦琐。屑意,犹谓介意。
② 高平,今山西高平市。
③ 三关,谓瓦桥、益津、高阳三关。

从行，以为太祖山陵使①。葬毕而道卒，年七十三。谥曰文懿，追封瀛王。

道既卒，时人皆共称叹，以谓与孔子同寿。其喜为之称誉盖如此。

道有子吉。

吕琦

吕琦，字辉山，幽州安次②人也。父兖，为横海军节度判官。节度使刘守文与其弟守光以兵相攻，守文败死，其吏民立其子延祚而事之，以兖为谋主。已而延祚又为守光所败，兖见杀。守光怒兖，并族其家。琦年十五，见执，将就刑，兖故客赵玉绐③其监者曰："此吾弟也。"监者信之，纵琦去，玉与琦得俱走。琦足弱不能行，玉负之而行，逾数百里，变姓名，乞食于道以免。

---

① 按：道为首相，依故事，当为山陵使。且据本纪，山陵使之命在二月丁卯，而世宗亲征乃于三月己酉启行。则非因道之进谏而有是命，明矣。
② 安次，今河北廊坊市安次区。
③ 绐，dài，欺骗。——校订者注。

琦为人美风仪，重节概，少丧其家，游学汾、晋之间。唐庄宗镇太原，以为代州军事推官，后为横海赵德钧节度推官，入为殿中侍御史。

明宗时，为驾部①员外郎，兼侍御史知杂事。河阳主藏吏盗所监物，下军巡狱，狱吏尹训纳赂反其狱。其冤家诉于朝，下御史台按验，得训赃状，奏摄训赴台。训为安重诲所庇，不与。琦请不已，训惧自杀，狱乃辨，蒙活者甚众。岁余，迁礼部郎中、史馆修撰。

长兴中，废帝失守河中，罢居清化坊，与琦同巷，琦数往过之。后废帝入立，待琦甚厚，拜知制诰、给事中、枢密院直学士、端明殿学士。是时，晋高祖镇河东，有二志，废帝患之，琦与李崧俱备顾问，多所裨画。琦言："太原之患，必引契丹为助，不如先事制之。"自明宗时王都反定州，契丹遣秃馁、荝刺等助都，而为赵德钧、王晏球②所败。

---

① 驾部，官名。唐设驾部员外郎，为兵部之属司，掌舆辇、传乘、邮驿、厩牧。
② 王晏球，洛阳人，字莹之。为将有机略，善抚士卒。唐明宗时为招讨使，大破契丹兵，平王都。拜平卢军节度使，兼中书令。

秃馁见杀，萴剌等皆送京师。其后，契丹数遣使者求萴剌等，其辞甚卑恭，明宗辄斩其使者不报。而东丹王又亡入中国。契丹由此数欲求和。琦因言："方今之势，不如与契丹通和，如汉故事，岁给金帛，妻之以女，使强藩大镇顾外无所引援，可弭其乱心。"崧以琦语语三司使张延朗，延朗欣然曰："苟能纾国患，岁费县官十数万缗，责吾取足可也。"因共建其事。废帝大喜。他日，以琦等语问枢密直学士薛文遇，文遇大以为非，因诵戎昱[①]"社稷依明主，安危托妇人"之诗以诮琦等。废帝大怒，急召崧、琦等问和戎计如何。琦等察帝色怒，亟曰："臣等为国计，非与契丹求利于中国也。"帝即发怒曰："卿等佐朕欲致太平而若是邪？朕一女尚幼，欲弃之夷狄；金帛所以养士而扞[②]国也，又输以资虏。可乎？"崧等惶恐拜谢，拜无数，琦足力乏，不能拜而先止。帝曰："吕琦强项[③]，肯以人

① 戎昱，唐荆南人。至德间以文学登进士。卫伯玉辟为从事，京兆尹李鸾欲妻以女，命改姓，昱拒之。德宗初，历任辰、楚二州刺史。

② 扞，通"捍"，保卫。

③ 强项，谓刚直不屈。

主视我邪？"琦曰："臣素病羸，拜多而乏，容臣少息。"顷之喘定，奏曰："陛下以臣等言非，罪之可也，虽拜何益？"帝意稍解，曰："勿拜！"赐酒一卮而遣之，其议遂寝，因迁琦御史中丞。居数月，复为端明殿学士。其后，晋高祖起太原，果引契丹为助，遂以亡唐。

琦事晋为秘书监，累迁兵部侍郎，天福八年卒。

赵玉仕至职方员外郎，琦事之如父。玉疾，亲尝药扶侍。及卒，为其家主办丧葬。玉子文度，幼孤，琦教以学，如己子，后举进士及第云。

琦有子余、庆、端。

图书在版编目（CIP）数据

五代史 / 郑云龄选注；刘兴均校订. —北京：商务印书馆，2019
（学生国学丛书新编 / 王宁主编）
ISBN 978-7-100-16947-9

Ⅰ. ①五… Ⅱ. ①郑… ②刘… Ⅲ. ①中国历史—五代（907—960）—纪传体 Ⅳ. ① K243.104.2

中国版本图书馆 CIP 数据核字（2018）第 291839 号

权利保留，侵权必究。

学生国学丛书新编

五代史

郑云龄　选注
刘兴均　校订

商 务 印 书 馆 出 版
（北京王府井大街36号　邮政编码100710）
商 务 印 书 馆 发 行
北京通州皇家印刷厂印刷
ISBN 978 - 7 - 100 - 16947 - 9

2019年3月第1版　　开本 787×1092　1/32
2019年3月北京第1次印刷　印张 9¼
定价：35.00元